志说北京

京市地方志编纂委员会办公室 编

修志人眼中的北京

文化艺术出版社
Culture and Art Publishing House

《志说北京》编委会

顾　　　问：段柄仁
主　　　任：王铁鹏
副　主　任：侯宏兴　张恒彬　谭烈飞　初小玲
编委会委员：王国英　高文瑞　李培禹

主　　　编：侯宏兴
副　主　编：王国英
执行副主编：郭晓钟
编　　　辑：张　宏　彭　俐

目 录

序
　　——展示北京地域文化的千姿百态 ………… 段柄仁　1
八里桥之战 ………………………… 李延珂/曹晓春　1
古都遇袭纪实 ……………………… 林瑜/任虹晶　3
京张筑路背后的列强纷争 ………… 郭晓钟/刘宗永　5
碧云寺保水之争 …………………………… 朱如意　9
一次非同寻常的宴请 ……………………… 郭晓钟　12
孙中山灵寝遇险记 ………………………… 祝云飞　15
红歌从这里唱响 …………………………… 赵茂义　17
密云"老十团" ……………………………… 林振洪　19
追寻琉璃塔 ………………………………… 孟连英　23
校书之难难在定底本之是非
　　——读阎崇年校注本《康熙顺天府志》 … 刘宗永　26
密云历史上的"引白壮潮" ………………… 李东明　28
古北口战役与税关 ………………………… 郭晓钟　31
戾陵堰
　　——北京早期大型水利工程 …………… 杨博贤　35
金口烟云 …………………………………… 杨博贤　38
旧京城门之建与功用 ……………………… 陈明　40
中西合璧的古都近代建筑 ………………… 谭烈飞　43
北京的几个"十大建筑" …………………… 郑明光　48
近代北京的银行建筑（上） ……………… 司马城　52
近代北京的银行建筑（下） ……………… 司马城　55
北京最早的体育场馆 ……………………… 刘兴忠　57
京城粮史 …………………………………… 梁实　61
京城老药铺绝活儿 ………………………… 姚晨　65

门头沟祭窑神旧俗……………………… 姚忠阳/洪浩		68
古都祭日……………………………………… 谭文		71
胡同叫卖交响曲…………………………… 魏雪晶		74
崇文门税关的兴衰………………………… 运子微		77
清末旧京税事……………………………… 宋志广		80
北京地名的雅化与俗化………………… 刘宗永/郭晓钟		82
渔阳与密云………………………………… 李东明		85
百年常营话今昔………………………… 宛兴伟/刘宗永		88
京畿上古第一城…………………………… 李东明		90
京郊觅兽…………………………………… 郭晓钟		92
京师同文馆……………………………… 赵振江/韩凤祥		95
沙滩红楼…………………………………… 张宁		98
皇城根有个电话局………………………… 白捷/治辉		100
香山电话专用局…………………………… 赵其辉		103
北京南郊观象台…………………………… 曹冀鲁		105
乾隆年间的极端高温天气………………… 曹冀鲁		107
南怀仁在京造汽车………………………… 高文瑞		109
慈禧无福消受老爷车……………………… 高文瑞		113
何其巩与中国大学……………………… 刘宗永/郭晓钟		116
熊希龄和香山慈幼院……………………… 侯志云		119
赫德路与赫德…………………………… 赵振江/韩凤祥		123
戚继光与石匣营…………………………… 马恩富		126
戚继光与《题龙潭》诗碑………………… 李东明		129
田义与田义墓…………………………… 杨博贤/王董瑞		131
杨博与古北口……………………………… 邢光新		135
徐寿朋		
——平谷走出清公使……………………… 崔建国		138
密云水库"十姐妹"………………………… 邢光新		140
密云司马台长城…………………………… 邢光新		143

沧海桑田的壮丽画卷………………………	刘文江	145
景色壮美的官厅水库………………………	刘继臣/赵宏柱	150
燕山天池……………………………………	刘继臣/赵宏柱	152
卧佛寺的五大景观…………………………	刘东来	154
京郊长城异同………………………………	杨超	157
颐和园中的文昌帝君文化…………………	范志鹏	160
静宜园与香山慈幼院………………………	赵伸	163
小记北京的树………………………………	余小凡	168
古镇良乡昊天塔……………………………	李桂清	172
一枝塔影认通州		
——记燃灯佛舍利塔	呼怡	175
探古轩辕庙…………………………………	高文瑞	178
三座门内的皇家御用道观…………………	王铁鹏	182
乾隆年间的藏式姊妹建筑…………………	袁长平	185
乾隆与六世班禅在昭庙……………………	袁长平	188
昭庙劫状……………………………………	袁长平	191
六世班禅圆寂黄寺…………………………	袁长平	193
京西北惠济庙………………………………	杨博贤	195
康熙与南惠济庙……………………………	杨博贤	198
金山口景泰陵………………………………	高文瑞	200
昌平城池与陵墓……………………………	高文瑞	204
明陵逸事……………………………………	高文瑞	207
思陵之思……………………………………	高文瑞	210
风雨七王坟…………………………………	侯志云	213
北京人的"吃"………………………………	单丽成	216
旧京冬菜……………………………………	王征	218
北京冬贮大白菜……………………………	王征	220
酱菜史话……………………………………	杨超	222
漫话京城国宴………………………………	陈永勤/王征	225

通州三宝	梁英华	228
古都话酒	王征	231
山西刀技与东来顺涮肉	杨超	234
北京人的衣着走向	单贺／来成	236
话说长袍、马褂与旗袍	单贺／来成	238
川底下村的建筑造型	尚显英／陈琛	240
话说四合院	王国英	242
从四合院到筒子楼 　　——京城民居变迁（上）	单贺／路丽	244
城市花园宜居住宅 　　——京城民居变迁（下）	单贺／路丽	246
话说旧京的出行	单贺／路丽	248
从自行车到"多样化" 　　——崛起的北京现代交通	单贺／路丽	250
低碳出行与绿色北京	单贺／路丽	253
古都中轴线上的桥	罗保平	256
走访沿河故城	郭晓钟／侯志云	260
京城又到赏花时	王铁鹏	262
雨中登银山	杨超	266
民俗节日中的体育活动	王鹏	269
水峪中幡	李桂清	272
大兴的诗赋弦	宋健／赵万民	275
《审头刺汤》与"一捧雪"	李东明	277
鼻烟由来	宛兴伟	279
京城学界正气 　　——赞阎崇年先生的勇敢之举	任炳	282
后记	郭晓钟	284

序
—— 展示北京地域文化的千姿百态

志书是地域文化的如实记录，是文化事业发展的基础性产品，也是文化产业灵感和原材料的源泉。我国的修志事业萌发于上古，几乎和文字的形成同步；孕育于春秋战国，和史书、地书同胎而生；成形于宋代，逐步从史书、地书中独立出来；明代以后被制度化，成为"官修"的"官书"。目前保存下来的新中国成立之前的旧志有8000多种，10万多卷，约占现存全部古籍的十分之一。新中国成立后，特别是20世纪80年代以来，新编地方志受到空前重视。截止到2011年，已出版规划内省市县三级志书6500余部，还有更多的规划外的部门志、行业志、山水名胜志和乡镇村志以及地情资料书等。北京市现存旧志百余种、千余卷，包括府志、市志、州志、县志、风俗志、山水志、地名志、关志、寺庙志等。当代新修第一轮规划172部市区县志大体完成，规划外特色志、部门志、乡镇村志以及大量的地情资料书，总量远远超过规划志书。这些志书和资料汇集书，是传承中华文明的最完整、最有权威的地域文化基础性资料，是五千年中华文化积累的宝贵财富。在中国历史上，它曾作为资政、教化、传史的载体，使中华文明传承不断、生生不息，为中华民族不断增强凝聚力作出了无可估量的巨大而独特的贡献。当前，对于促进我国现代化建设，推动中华民族伟大复兴，发挥着越来越大的作用。

然而，这些珍贵而丰富的文化宝藏，如何挖掘利用，较长时期未被重视，大量古旧志书因散落于中小图书馆或民间，保存条件很差，处于亟待抢救状态。即便是保存完好的，多数也被长期封锁在馆库之中，很少有人问津。新修志书虽然采取多种措施，提出"修用"并举方针，开展读志用志活动，大力发掘使用渠道，开拓使用范围，但从整体上说，多数群众仍不知志书为何物。加之志书本身的特点，强调存真求实原则，有真实性、权威性，但大多缺少趣味性。采取述而不论的写法，有客观性、公证性，但缺乏思辨性。加之古旧志书多数未加整理、注释，读起来比较困难，很难走向大众。新修志书也极少走向市场，很难引人注意。如何解决这个难题，使志书充分发挥其效用，北京市地方志办公室和有关部门采取了多种办法，比如让志书上网，把志书编成不同体裁的专业书、教科书、故事书和百科全书，产生了较好的效果。《志说北京》采取的是地方志工作者和新闻工作者合作，在《北京日报》开辟专栏的办法，把地方志记载的、当前社会需要、人们喜闻乐见的内容，用讲故事、说历史、写观感等方式，一事一章，短小易读，分门别类地把志书中的有关内容解剖、改写而后刊载出来，历时三年，成就了深受读者欢迎的百篇短文，汇集而成第一本文集。

《志说北京——修志人眼中的北京》对于志书宝库来说，像一把钥匙，引领读者去打开大门，进行北京地域文化之旅，去领略北京这块风水宝地的风采；像打开一扇窗口，给你展示北京地域文化的鲜活场景，吸引人们从不同角度，领略其千姿百态；它又是一桌美味快餐，把不同味道的文化佳肴，集于一桌，任你从中挑选、摄取营养。它有各种历史事件的有趣记述，有建筑、寺庙、陵寝等文物古迹的深入解析，有饮食、衣着、风土人情等生动描述，也有对历史名人指指点点的写照。这些文章不是志体，这部文集也不是志书，但它却以志书记载的事实为依据，为蓝本，联系有关史实，加上作者合理的描绘、符合逻辑的评点、生动形象的语言，使这一篇篇短文，像诗性散文，既深深扎根于志书，对志书的某部分内容进行挖掘，再加工，又大大超越志书，变成了更有吸引力的形象化、通俗化了的"志书"，开创了"读志"、"用志"的一种新方法，新形式。这一切，对于宣传北京地域文化、继承中华文化的优秀传统，提高全社会的文化自觉，推进文化事业和产业的发展，必将发挥不可或缺的作用。

《志说北京——修志人眼中的北京》的出版发行，对于丰富多彩、博大精深的志书这个知识宝库来说，开发利用的不过是冰山一角，九牛一毛，我们对读志用志新形式的开发创新也仅仅是开始，殷切期望这个"栏目"，这本文集，成为开春的第一个芽，第一支花朵，会引来绿色满地，万紫千红的春天，使志书在我国文化大发展大繁荣的新形势下，发挥应有的更大的作用。

亓栢仁

2012年1月

八里桥之战

李延珂 / 曹晓春

八里桥，位于通州之西的通惠河上，因距通州城西门八里，俗称八里桥。明正统十一年（1446）建，英宗赐名永通桥，为石砌三券拱桥。桥体为花岗岩石料，两侧有护栏，在33对望柱上雕刻有神态各异的石狮。其地扼京城出入东北和南方的咽喉要道，与卢沟桥、马驹桥、朝宗桥并称为"拱卫京师四大桥梁"。清咸丰十年（1860），清军在此英勇抗击英法联军，进行了八里桥之战，从而使八里桥举世闻名。

据《北京志·军事卷·军事志》记载，咸丰十年（1860）六月至七月（阳历8月，后同），英法联军1.7万人，分乘百余艘舰船抵大沽口外，清军疏于戒备，北塘、新河、塘沽、天津先后陷落，清军撤往通州一带。清政府与英法联军重新谈判，因侵略者所提条件过于苛刻，天津和通州谈判破裂。

七月二十五日（9月10日），英法联军近4000人，自天津向通州方向进犯。时部署于通州地区的清军有3万余人。科尔沁亲王僧格林沁率马步队1.7万人，驻张家湾至八里桥一线。

八月四日（9月18日），联军先头部队推进到张家湾，向清军阵地发动进攻，清军步队千人奋起抗击。但当僧格林沁派马队抄袭敌军时，突遭联军火箭袭击，马匹受惊回奔，冲击步队，马步兵自相践踏，阵势顿时混乱，一同向八里桥溃退。联军攻占张家湾，并乘胜占领通州城。

八月七日（9月21日）上午7时，英法联军稍事整顿后，向八里桥发

修复后的通州八里桥（供图：郭晓钟）

起进攻。其兵力部署分东、西、南三路：东路为法军第1旅，西路为英军，南路为法军第2旅，担任主攻八里桥的任务。孟托班为总指挥，总兵力约五六千人。时八里桥一带清军约3万人，其中马队近万人。僧格林沁令胜保部迎战南路，瑞麟部迎击东路，自带部队抗击西路之敌，令马队实施正面反冲击。马队出击后，毙伤敌军千余人。后遭据壕联军炮火轰击和步兵密集火力的阻击，伤亡甚众，被迫退却。三路联军乘胜发起强大攻势，胜保部与冲到八里桥的南路之敌肉搏拼杀，后因胜保受伤，遂向北京退却。僧格林沁督率本部马队穿插冲杀于敌南路与西路之间，指挥步队顶住西路之敌的攻击，双方伤亡甚众，旋因联军西路一部抄袭僧格林沁军后路，僧格林沁遂撤队而逃，瑞麟部亦退往北京。中午，英法联军占领八里桥及附近村庄。因伤亡消耗过重，英法联军在通州休整半月，待援补给，通州百余村庄遭洗劫。

八里桥之战，清军惨败而退，使北京城完全暴露在联军面前，战争局势急转直下。此后的一个月时间里，英法联军不费一兵一弹，通过安定门顺利进入北京城；抢劫并焚烧圆明园及西郊诸园，园内珍宝、文物、典籍等被劫掠一空，所有庙宇、宫殿、建筑和历代收藏的珍品都化为灰烬；迫使清政府签订了丧权辱国的《北京条约》。八里桥也成为中华民族这一段惨痛历史的见证。

（本文资料主要引自《北京志·军事卷·军事志》）

2010年11月1日

古都遇袭纪实

林瑜／任虹晶

1949年2月，国民党空军战斗机1架窜入北平市南苑、朝阳门外上空进行轰炸，这是北平解放以来第一次遭受空袭，北平市人民政府开始布置人民防空工作，责成公安系统实施人防宣传与准备。4月23日，北平市人民政府召开防空会议，根据人民解放军渡江作战形式，敌机可能来北平袭扰的情况，会议决定全市做好必要的防空准备。会后全市各机关单位迅速组成防空委员会或防空小组，成立了消防队、纠察队、救护队，并利用各种形式组织防空宣传，引导群众进行防空准备。4月24日，平津卫成区防空司令部成立并发布《防空布告》，规定了防空办法、空袭期间灯火管制、交通管制的要求，明确了防空警报信号。

5月4日，上午8时10分，国民党6架B-24轰炸机由天津方向飞抵南苑机场上空，投弹30枚。8时35分，市公安局3个消防中队赶到现场，因自来水管被炸坏，9时20分觅得水井，下午1时许扑灭。炸死炸伤23人，房屋150余间。此为北平解放后遭轰炸损失最大的，也是唯一的一次。

5月25日，北平市人民政府和市公安局制发《灯火管制办法》。市公安局检查内城手摇警报器装设情况和警报红绿灯球台悬挂有无损坏及移动情形。对全市73处警报设备检查中有12处损坏，其余良好或稍加修理即可使用。警报器虽有专人负责，但有的人员缺乏施放技术和防空知识。

B-24解放者四发远程轰炸机（供图：郭晓钟）

6月25日，叶剑英市长、张友渔副市长签发训令，转发平津卫戍区司令部敌情通报，要求切实注意防空，严密防范，万勿疏忽。7月22日，北平市人民政府扩大联合办公会议决定，防空工作归市公安局办理，市公安局通知各公安分局，今后全市市民防空由市公安局领导，各区市民防空由公安分局负责。8月13日，北平市公安局局长谭政文指示即日起接办，市公安局决定防空工作交由市公安总队负责，由市公安总队成立市防空指挥部，各区以公安分局为主组成区防空指挥部，各派出所成立防空小组，各机关、学校、工厂亦成立防空小组。

国民党空军飞机空袭南苑机场，造成较大物资损失和人员伤亡，为保护人民生命财产安全，进一步加强北平防空，9月5日，中国人民解放军新组建空军飞行中队开始担负起北平地区的防空任务。

（本文资料主要引自《北京志·军事卷·人民防空志》）

2010年12月13日

京张筑路背后的列强纷争

郭晓钟/刘宗永

1840年鸦片战争后，尤其中日甲午战争后，西方列强掀起"瓜分"中国的狂潮。他们强占租借地、划分势力范围、攫取铁路修筑权和矿山开采权，致使中华民族的危机日益严重。

维新派代表人物康有为等发动"公车上书"，提出变法图强的主张，修建铁路即其"立国自强"大计之一。清政府也开始认识到铁路在经济、政治、军事诸方面的重要作用。清光绪二十一年（1895）七月十九日上谕宣称要"力行实政"，首要的就是"修铁路"。在英国、俄国争夺中国北方铁路修筑权的过程中，清政府借助英国的势力抑制俄国，并于清光绪二十四年（1898年）五月，照会两国驻华公使，申明："扬子江一带、长城以北乃中国土地，权在自主……将来中国设或欲

詹天佑像（供图：郭晓钟）

1909年10月京张铁路通车时的青龙桥站（供图：郭晓钟）

造某处铁路，应由中国自主。"

清光绪二十五年（1899）前后，山海关内外铁路总工程师英国人金达，草测北京至张家口段铁路，引起英国与沙俄争夺对内蒙古地区的控制权。沙俄政府向清政府提出建筑自西伯利亚的伊尔库茨克经张家口至北京的铁路，未获准。清光绪二十五年（1899）六月一日，俄国又迫使清政府允许，"将来如添造铁路，由北京向北或向东北俄界方向，除用中国款项及华员自行造路不计外，设或有托他国商办造路之意，必应将此意先与俄国政府或公司商议承造，而断不允他国或他国公司承造。"

八国联军入侵之后，清政府与英国订立《英国交还关内外铁路章程》、《关内外铁路交还以后章程》。英国又取得新的铁路权益：在离关内外铁路的关内段80英里之内，凡欲新修铁路，均应由中国北京铁路督办大臣承修；北京或丰台至长城向北之铁路，其承修权"不得入他人之手"。对此，俄国驻华公使随即向清政府提出抗议。此时，比利时以天津至保定

关沟段的上下行火车通过"之"字形铁路（供图：郭晓钟）

铁路为卢汉铁路支线为由，要求承办。法国以承办卢汉铁路的比利时国公司借用法国款项为借口，也出面干涉，迫使清政府向英国交涉，将《关内外铁路交还以后章程》中有关延展支路的条款修改为："自北京以北各支路，并由北京至张家口之铁路，应归中国政府造办，外国不得干预，只用中国资本，不用外国资本，并不得以此路并进项作为外国抵押借据。"

清光绪二十八年（1902），清政府设立铁路矿务总局，颁布《矿务铁路公共章程》。清光绪二十九年（1903），复设立商部，颁布《铁路简明章程》。允许国内商民兴办铁路。商人李明和向铁路矿务总局呈请集资修筑北京至张家口铁路，继而商人李春亦请求承办，清政府均以"该商股本不可恃"，予以驳回。是年9月，御史瑞琛再次奏请允许商办京张铁路，同样被予以驳回。自此，官办京张铁路提上了议事日程。

直隶总督兼关内外铁路督办大臣袁世凯和会办大臣胡燏棻建议，提拨关内外铁路余利官办京张铁路。而此款存于英国汇丰银行，控制在中英银公司手里。按原约规定，提用时须双方协商。清政府派道员梁如浩与中英银公司磋商。中英银公司代理人顾璞坚持京张铁路是关内外铁路延长线，须聘用英国工程师主持，否则不准提拨余利款。俄国得知此事，其驻华公使立刻出面反对，并以清光绪二十五年（1899）清政府作出的

"从北京至长城以北的铁路不能由他国承办"的承诺为由，要挟清政府。英俄双方相持年余，英国为排挤俄国在华北的势力，遂采取向清政府让步的策略，同意清政府自清光绪三十一年（1905）起，提用关内外铁路余利，自行修筑京张铁路。俄国也以中国不聘英国人参与修筑而默许。清政府与中英银公司议定，先拨存备仅6个月的银款本息，其余可按年提拨余利，并由清政府声明不用外国工程师，由中国人自己修建，以示与他国无关。

清光绪三十一年（1905）二月，清政府批准了铁路大臣袁世凯和会办大臣胡燏棻关于官办京张铁路的奏请，五月在天津设京张铁路总局，任陈照常为总办，詹天佑为会办兼总工程师，负责设计施工。

袁世凯、胡燏棻奏准的京张铁路修建方案为：北京至张家口相距400余华里（200公里），约需500万银两，4年建成；每年从关内外铁路提拨100万银两，及400万银两；此外，还可提用庚款（庚子赔款）赔偿关内外铁路财产损失的80余万银两。

自清光绪三十一年（1905）十月二日，京张铁路正式开工，至1909年8月11日，詹天佑同铁路员工一起，克服资金不足、机器短缺、技术力量薄弱等困难，出色地完成居庸关和八达岭两处艰难的隧道工程，设计出人字形路轨，总长201.2公里，"中隔高山峻岭，石工最多，又有7000余尺桥梁，路险工艰为他处所未有"的京张铁路全线竣工。比预计工期提前2年，经费结余28万两白银，全部费用只有外国承包商索取价格的五分之一，可谓花钱少，质量好，完工快。

京张铁路是中国人民和中国工程技术界的光荣，也是中国近代史上中国人民反帝斗争的一个胜利。

（本文资料主要引自《北京志·市政卷·铁路运输志》）

2009年12月13日

碧云寺保水之争

朱如意

人们都知道，香山之地，水源丰沛，泉眼多达50余处。其中最著名的是"以泉取胜"的碧云寺卓锡泉。它不仅是寺院及周边人们生活和香山池湖、景物的生命泉源，更是形成"玉泉趵突"景观的重要泉源之一，是昆明湖水的重要组成部分。

玉泉趵突（供图：朱如意）

但碧云寺与周边的水源之争早在清乾隆年间就已开始，并使数名朝官为此丢了顶戴花翎。

乾隆四十八年（1783）十二月碧云寺源源不竭之水突然枯竭，次年三月，园丁匠役将山石拆开，淤泥渣土全行出净，究不能得水。弘历得知后传谕定郡王绵恩会同内务府主管御园官员金简带领营汛园庭官员前赴履勘。十五日后得报：泉水不畅，实系淤塞，深挖六尺，水即涌下，并加疏导。然而，疏浚畅流之后的第二十天，碧云寺官员又报"泉水不见增长，且消去一尺有余"。

为弄清缘由,弘历派六阿哥质庄亲王会同绵恩、金简彻查此案。数日后得:因泉水上游开挖煤窑,窑商韩承宗等误将泉路刨断造成。弘历当即降旨"已开之窑封闭不能得利,令该商户等将水源修治"。主管碧云寺的官员"姚良、福善、明庆等俱著革职锁拏"。并立碑曰"山前属龙脉之地,禁止挖煤掘矿"。

尽管如此,在之后的数百年里,破坏水源之事仍是接连不断。

清末民初,冯国璋任总理时,有人在寺后开窑,且将开出的煤运至碧云寺

仍有泉水的香山玉乳泉(摄影:郭晓钟)

道路两侧,使寺庙前如同煤场,就连这条路也因此得名"煤厂街",寺院周边环境遭到巨大破坏。1947年碧云寺主持又以要帮助穷人生计为由,向当地主管部门申请在寺后开窑,由于开窑,致使当时寺内泉水"只剩一条细线了"。

新中国成立后,虽然香山公园对环境进行了大力治理保护,但水的问题一直未能根本解决。1968年碧云寺的水源又面临危机。原因仍是周边农村在碧云寺后墙外选址开窑,窑口出煤后切断了碧云寺水源,造成香山严重缺水、门区煤块阻塞、道路不畅。香山公园向市里反映此事,市里指示"停止挖煤"。为减少农村煤窑的损失,市里还批给了农村4台发电机、4台水泵和部分钢指标,并建了一个锻件场。香山公园还用6万多元折购了他们的挖煤设备。但时隔2年,农村又以灌溉农田为由,在碧

云寺原煤窑出水处打井。市里得知后明确指示："香山碧云寺是中外有名的风景区，不能破坏，不能含糊，不要在这里打井。"但执行中阻力重重。由于周边不间断地从井内大量取水和严重的自然旱情，至1981年公园出现"池湖变为沼泽，花草树木干旱严重，部分幼树干旱死亡"的严重问题。眼看着成批的死树从山上运至山下，眼看着员工亲手养育的苗木一天天消失，公园不得不考虑根本的解决办法。

1984年，随着改革开放政策的落实和国家经济形势的日益好转，园林局决定拨款10万余元在碧云寺后选址打井，经过施工人员的努力，终于打成了一口日出水量480吨的深水井，这口井的开凿彻底解决了公园景观及寺院和周边住户的用水问题。至此一场延绵数百年的碧云寺保水之争，才终于落下了帷幕。从这里，我们也可以看出过度开采对生态环境的巨大破坏，和人类在保护大自然的历程中留下的艰难脚印。

1904年五园三山中的碧云寺
（供图：朱如意）

（本文资料主要引自《香山公园志》）

2010年9月6日

一次非同寻常的宴请

郭晓钟

具有五十多年历史的北京华侨饭店，以古朴典雅的建筑造型和优质服务，接待过数十个国家的领导人和宾客。但1959年10月里的一次接待，却非比寻常，它记录了新中国防空史上的一次重大事件。这天，中国人民解放军的三位元帅聂荣臻、徐向前、贺龙同时要在这里宴请一个少校营

北京华侨饭店（摄影：郭晓钟）

长。这次宴请也为华侨饭店的历史，增添了辉煌的一页。

赴宴者不是别人，正是世界上首次用地空导弹击落高空侦察飞机的某地空导弹二营的营长岳振华。原来，抗美援朝战争结束后，台湾国民党空军在美国支持下，对大陆实施大规模侦察和袭扰活动。仅1957年11月21日，一架"黑蝙蝠"侦察机竟在大陆上空飞行了3000公里左右，活动时间长达9个多小时，对此，毛泽东主席作出了"督促空军全力以赴，务歼入侵之敌"的指示。空军部队虽然很快使台湾中低空侦察陷入了绝境，但他们又决定使用飞行升限达到2万米以上的最新高空侦察机来执行对大陆的侦察任务。从1959年1月至9月，先后出动当时高空侦察性能优越的RB-57D就达十余次，我空军歼击机虽频繁起飞拦截，但都因飞行高度差距太大，只能无功而返。于是，中央军委下决心成立地空导弹部队，以保卫领空不受侵犯。岳振华所在的地空导弹二营于1958年10月6日在北京南郊大兴组建，原系高射炮某团团长的岳振华随即率领全营指战员苦练技术，钻研战术，精心准备，随时准备歼灭来犯之敌。

1959年9月，为保障国庆十周年首都阅兵，挫败蒋介石集团要在10月1日庆典当天，派遣RB-57D到天安门上空拍摄阅兵照片公布于世，以炫耀他们的飞机到过北京，而大陆却毫无办法的图谋，二营移防通州张家湾机场，严阵以待。由于当年国庆期间连续阴天，RB-57D多次窜入北京外围后悻悻而返。10月7日，天气转晴，岳振华意识到：这是敌机来犯的时机！随即发出战备命令。

这天果然敌机起飞，经过近两个小时的飞行，由浙江温岭入境，飞向南京，到南京后，飞行高度上升到19500米，沿津浦线，摆脱我空军歼击机10批次的拦截，一副不屑的傲慢姿态，按原航线进入二营

红旗2导弹模型（供图：郭晓钟）

某新型红旗导弹（摄影：郭晓钟）

阵地。敌机距离二营阵地135公里时，制导雷达捕捉到目标，125公里时，我军战斗机撤出战斗，70公里时，六枚装上发射架的导弹锁定目标，航路捷径6公里时，岳振华果断下令："三点法，导弹三发，28公里消灭目标！"恰在此时，上级指挥所传来"等一等"的命令，但说时迟、那时快，引导技师"发射距离到"的报告声也似闷雷般滚过，岳振华不再犹豫，一声断喝："发射！"

这时只见3枚导弹腾空而起，以6秒的间隔发出了3声巨雷般的响声，喷着火舌，直扑空中的RB-57D。40秒后，也就是1959年10月7日12时04分，世界防空史上第一次以地空导弹击落飞机的战果，被岳振华和他的战友们永远地定格在了祖国首都南郊的蓝天之上。战斗胜利后，毛泽东主席接见了从炊事员到哨兵的二营全体官兵，这是毛泽东在新中国成立后唯一一次整建制接见部队。而三大元帅宴请岳振华营长也成为北京华侨饭店历史上的一段佳话。

（本文资料主要引自《北京志·军事卷·人民防空志》）

2010年8月2日

孙中山灵寝遇险记

祝云飞

1925年3月12日孙中山先生辞世，因南京中山陵工程建设尚需时日，国民党治丧委员会决定暂时将灵柩停放在北京香山碧云寺的金刚宝座塔内；在碧云寺为孙中山守护灵柩的只有包括孙中山生前卫士马湘、谭惠全在内的一小支卫队。时局动荡，当时正是军阀割据的年月，国民党势力还偏处南方的广东。

1926年奉系军阀李景林和张宗昌组成的直鲁联军，击败冯玉祥率领的国民军，攻入北京。驻扎在西郊的奉军最多，纪律也最坏，散兵游勇横行乡里，肆无忌惮。某日一伙士兵闯入碧云寺闲逛，走到灵堂前看见悬挂

碧云寺金刚塔宝座（供图：郭晓钟）

的孙中山遗像，一名兵士便漫不经心地问守灵卫士："画像上是什么人？"卫士回答道："是中华民国首任总统孙中山先生。"谁知这名兵士眼睛一瞪竟张口大骂："什么总统！"拔枪就要向遗像射击。守灵卫士见状赶忙好言相劝，那兵士才算作罢。如果没有守灵卫士的阻拦，匪兵们闹得兴起，极有可能冲击打砸孙中山灵寝，后果不堪设想。

　　一波未平一波又起。1927年，随着国民革命军北伐战争的节节胜利，奉系军阀直鲁联军总司令张宗昌连连败退，9月18日他到北平开会，听信"国民党胜利是因为孙中山灵寝在碧云寺，得了风水"的谣言，为了破坏国民党的风水以扭转败局，就向也十分迷信的上司张作霖提出了捣毁灵寝的主意。幸亏张作霖的智囊杨宇霆从旁劝止，被张宗昌说动的张作霖才暂时作罢。张学良一向敬重孙中山先生，得知此事也警告张宗昌不许胡来。时任香山慈幼院院长的熊希龄情急之下面陈张宗昌道："各国政党、政见，容有不同，而对于党魁，则无不互相尊重，孙总理灵寝应当加以保护。且香山慈幼院近在一隅，孤贫儿童多为阵亡军人子弟，尤需令其安宁。"并请求张宗昌派"受有教育之军官团一连驻山保卫"。在多方压力下，张宗昌勉为应允，派督战队长康万胜率领军官团进驻碧云寺，与守灵卫队长马湘共同保护。为整肃治安，康万胜拿获了抢劫周围乡村的兵丁十余人，执行枪决，局势才稍显平静。有了前几番波折，为了以防万一，卫士们后来将孙中山遗体从金刚宝座塔内转移到水泉山洞里藏了起来。直到1928年国民党军队进入北京，守灵卫士才把遗体从水泉山洞取出，重新放回碧云寺灵寝中。1929年南京中山陵落成，孙中山先生遗体终于安然无恙地从北京转运南京安葬。

　　孙中山先生的灵柩停放碧云寺四年，在这段时间里，数度遇险，今日回首，不能不令人对旧中国军阀当道混乱不堪的局面感慨万千。

（本文资料主要引自《香山公园志》）

2010年8月16日

红歌从这里唱响

赵茂义

《没有共产党就没有新中国》这首红歌唱过了半个多世纪，深受广大群众喜爱，可以说是人民群众的心声。这首歌是从房山霞云岭的一个小山村——堂上村唱起来，唱响了全中国。

1943年七八月间，晋察冀边区的机关和团体，都在学习中共中央发的一本书《评中国之命运》，批判和驳斥蒋介石在《中国之命运》中提出的"没有国民党就没有中国"的观点。在这次学习中，《没有共产党就没有新中国》的作者，当时19岁的曹火星，思想受到了洗礼。他随铁血剧社由平山调到边区（到边区后，剧社更名为"边区群众剧社"），剧社分成几个小分队下去搞抗日活动，曹火星和张学明等来到房山和涞水交界处新解放的堂上村宣传和发动群众。曹火星和张学明开始用民间曲调编写一组歌曲，前四首歌的歌词是两个人一起写的，用对比的手法写出了解放区与国统区的好坏对比，揭露了国民党的阴谋诡计。

最后一首就是《没有共产党就没有中国》，是曹火星作词作曲，歌曲是对蒋介石"没有国民党就没有中国"观点进行针锋相对的驳斥和反击。

这首歌写成后，通过小学的学生们用"霸王鞭"的形式演唱，很受群众欢迎，不久就在周围村子里流传开来。1943年冬天，在冀察专区各县干部和农、青、妇等群众团体的干部集中参加的冬训学习班上，曹火星教唱了这首歌，这首歌很快在平西广大群众中流传开来。

没有共产党就没有新中国纪念馆（供图：赵茂义）

  随着剧社活动范围的扩大，剧社所到之地，都办了训练班教唱这首歌，在群众传唱的过程中，根据群众的演唱习惯，在词曲方面作了一些改动，更易记上口。就这样，这首歌像长了翅膀从地方传唱到部队，从晋察冀传唱到冀中冀东。随着解放全中国的步伐，这首歌跟着解放大军从张家口传唱到东北，从东北传唱到华北，从华北传唱到全中国。

  1949年，我党和傅作义进行北平和平解放谈判。剧社在边区待命，准备进城，此时接到中宣部通知，暂时不要在新解放区唱此歌，怕群众觉悟一时跟不上，造成不良后果。因为歌词有些提法不妥，"没有共产党就没有中国"经不起推敲。正如毛泽东同志提出的，中国已有几千年了，共产党1921年才成立，不能说没有共产党就没有中国，应该加上一个"新"，没有共产党就没有新中国。后来经中央同意，在"中国"前加了一个"新"字，歌词更加明确，境界焕然一新。

  随着新中国的建立，这首歌像春雨滋润了华夏大地。90个春秋过去了，在中国共产党的领导下，中国发生了历史巨变。今天唱响这首歌，更能抒发华夏亿万儿女的心声："没有共产党，就没有新中国"。

（本文资料主要引自《房山区志》）

2011年7月5日

密云"老十团"

林振洪

2009年10月1日,共和国举行了历史上最大规模的国庆阅兵。这铁流滚滚、激昂跃进的队伍中,有一支劲旅就是从京郊密云大地上走出来的。这就是远程火箭炮方队,它的前身就是由民族英雄白乙化为首任团

国庆阅兵中的远程火箭炮方队(摄影:郭晓钟)

白乙化纪念碑及雕像（摄影：邢光新）

长的冀热察挺进军第十团。提起"老十团"，无论是在密云、在平北乃至整个晋察冀地区，可以说是家喻户晓、尽人皆知。

这是一支以"知识分子团"著称的英雄部队。据《密云县志》记载：1936年，参加了"一二·九"运动的白乙化和他的同学们，受党的指派来到了内蒙古巴彦淖尔盟的乌拉山下，积蓄革命力量，培育战斗的火种。1937年全面抗战爆发后，他们举行了著名的"垦区暴动"，成立了以大中学生为主的"抗日民族先锋队"，渡过黄河，横穿库布齐沙漠，来到了抗日的最前线。1939年与冀东抗日联军共同组成了华北人民抗日联军。1940年初整编为冀热察挺进军第十团，白乙化任团长。1940年5月，部队来到密云开辟丰滦密抗日根据地，为平北抗日根据地的建立做出了重大贡献。白乙化团长文武双全，人称"小白龙"，老十团令日寇闻风丧胆。1941年2月4日，在密云马营西山战斗中，年仅29岁的白乙化为民族解放战争流尽了最后一滴血。白团长牺牲后，这支部队一直在丰滦密根据地坚持抗日斗争，直到1944年7月离开密云。

抗战胜利后，1946年3月，在河北沙城，十团扩编为冀察军区八旅

聆听老团长白乙化的英雄事迹（供图：李东明）

二十二团。这一年，部队再次来到密云参加了古北口保卫战，之后又编为冀热察军区独立第五旅十三团，一直在冀热察地区坚持斗争。1947年10月改编为冀热察辽军区独立二师四团，1948年2月随独立二师进入东北，并由地方兵团升编为东北人民解放军第十一纵队三十二师九十四团，随兄弟部队一起参加了隆化攻坚战。就在这次战斗中，十团第三任团长时任三十一师副师长的李荣顺同志光荣牺牲，成为和董存瑞同志齐名的英雄。隆化人民为了纪念他，把苔山脚下的大街命名为"荣顺路"。

新中国成立后，它成为我军第一支火箭炮部队。在1964年大练兵热潮中由于成绩优异，全团受到陈毅元帅的亲切接见。该团训练严格，成绩优异，所以直到今日，该团一直是我军列装最先进火箭炮的首选团队。由于该团在思想政治工作以及军事训练中的独到之处，军委刘华清副主席于1992年4月亲自到该团视察。目前，该团列装的300型远程火箭炮，也就是10月1日通过天安门广场的火箭炮，是我军陆军目前最先进的主战装备，它射程最远，堪称世界之最，它的信息化程度最高，已完全突破了传统意义上的炮兵概念。

2008年下半年，该团被确定为国庆受阅部队后，团政治处的徐主任在第一时间将这个喜讯告诉了密云的父老乡亲，和他们分享这份难得的喜悦。2009年初，徐主任在赴京参加会议的间隙，专程来到密云，来到白乙化烈士铜像前，向老团长报告这一喜讯。那时候，徐主任就表示，如果有可能，他将带领受阅官兵来到白乙化烈士纪念碑前，让年轻的战士们寻根追源、祭奠老团长、告慰他的英灵。

这一天终于来到了。2009年10月4日，在光荣地接受了祖国和人民的检阅之后，稍事休整、征尘未洗的受阅官兵们风尘仆仆地来到了密云，来到了他们的老团长白乙化同志的塑像前。

官兵们抬着在阅兵村亲手扎制的花篮，怀着崇敬的心情到老团长的塑像前肃立默哀、庄严宣誓并高唱《炮兵二〇一团团歌》，其中第一段是这样的，"战争之神，手握利剑，抗击日寇敌胆寒。战平北，守燕山，炮兵二〇一团的威名写在军旗上。"嘹亮的歌声仿佛又把人们带回了丰滦密根据地，带回了烽火连天的抗日战场。

从乌梁素海到平西百花山，从潮白河到清川江，从江南水乡到天安门广场，这支在密云大地上成长起来的人民子弟兵，风雨兼程地走过了七十年。他们诞生在抗日战争的硝烟里，成长在祖国的大地上，辉煌于中华民族伟大复兴的征程中。

密云的人民也祝愿"小白龙"的传人们，永远保持老八路的光荣传统，在新世纪、新阶段的伟大军事变革中，在实现民族富强、国家统一的奋斗中，永远做民族的先锋、祖国的利剑。

（本文资料主要引自《密云县志》）

2009年12月6日

追寻琉璃塔

孟连英

北京市文联在编纂《北京志·文化艺术卷·美术志》彩色插页时，选用了关广志先生早在1940年创作的水彩画作品《香山琉璃塔》。关广志是英国皇家美术学院最早的中国留学生，是我国最早也最有影响力的水彩画家之一，长于古建筑和园林风景的创作。他的绘画多数取材于古都北京，如《香山琉璃塔》、《北海的五龙亭》、《天坛》、《北海》等绘画都家喻户晓。

当时负责《美术志》图片编辑工作的安世明在整理图片时，看到了关广志先生早年创作的这幅题目为

香山琉璃塔（摄影：郭晓钟）

关广志油画原作（供图：郭晓钟）

《香山琉璃塔》的作品。他感到印象中的香山琉璃塔好像不是画上的这个样子。

出于一个志书编辑的责任心，他带着疑问先请教了出版《香山琉璃塔》画册的出版社主编，主编说出版社出版画册时，关先生已去世，是家属提供的作品及题目，真伪已无从考证。询问其他人，也都说不出其中的缘由。

于是安世明找来《北京风光》、《北京》等摄影图册，进行仔细对比，结果发现香山、玉泉山的塔与关先生作品中的塔结构不尽相同。

这3座塔虽然同是楼阁式与密檐式相结合，同是使用黄、绿、青、蓝、紫5色琉璃镶嵌而成，同是八角形，同是7级（7层），但香山和玉泉山的塔，塔身高度基本平均，而关先生作品中塔的第1、3、5层，塔身较高，第2、4、6、7层，塔身明显较矮。且画中琉璃塔右侧后面建筑物应该和颐和园内的建筑相似。

他想关先生画中之塔，不在香山、不在玉泉山，会不会在颐和园呢？为了弄清楚画中之塔的准确位置，安世明决定亲自去颐和园考证。到了园中他一路走一路问，在古树参天浓荫遮目的后山上，终于找到了赫然矗立着的琉璃塔。这座塔和关先生水彩画中的一模一样，塔的旁边有个碑，刻有万寿山多宝琉璃塔字样。但所不同的是，关先生1940年创作这幅画时，还没有围墙，现在有了围墙。他找到与作品相同位置的角度（也就是当年关先生创作时的位置），拍摄了琉璃塔的照片。照片与画面相比照结果，确定关先生创作的画中之塔，就是颐和园琉璃塔。安世明想，作为严谨的志书，关先生画作中的琉璃塔不是在香山而是在颐和园，故应将作品题目更正为《颐和园琉璃塔》。经过了他的努力，这样一个在多家权威出版社出版的画册上出现了多年的错误，终于在《北京文化艺术卷·美术志》中被纠正了过来。

玉泉山玉峰塔（摄影：郭晓钟）

从这件事中，我们也从一个侧面感受了中国古典建筑样式的丰富多彩。

（本文资料主要引自《北京志·文化艺术卷·美术志》）

2010年10月25日

校书之难难在定底本之是非
——读阎崇年校注本《康熙顺天府志》

刘宗永

2009年6月，中华书局出版了阎崇年先生校注的《康熙顺天府志》（以下简称"阎校本"）。作为孤本的《康熙顺天府志》有此校注本问世，肯定嘉惠学林。笔者初阅此书，受益匪浅，但也发现了几处我个人怀疑是错误的地方。这几处疑似错误完全是基于个人知识水平的判断，因而可能有不妥甚至错误。今不揣浅陋，把这几处疑问列举出来，以讨教于校注者阎崇年先生，并请广大读者批评指正。

第564页第2行："驰道尘香散王珂，彤楼花暗弄云和"。阎校本此处"王"字，疑误。今检国图藏《康熙顺天府志》底本（以下简称"底本"）作"玉"，不误。玉珂，指马笼头上的装饰。晋代张华《轻薄篇》："文轩树羽盖，乘马鸣玉珂。"唐代王维诗："径转回银烛，林开散玉珂。"

第560页第12行："幽州多骑射，结髪重横行"。阎校本此处作"髪"字，疑误。结发（繁体字作"髮"），是束发的意思，指初成年。《说文》："髮，根也。从髟，犮声。"而"髪"字从髟从友，是新造的错字。"王"与"玉"、"髮"与"髪"字形上就差一点，但这一点却导致错误。

第581页第2行："幻住无端路不穷，绿时端有梦来通。一汪浑木奔芒底，四壁寒山落枕中"。阎校本此处"绿"字，疑为"缘"字之形讹，"木"字，疑为"水"字之形讹。作"绿"作"木"，于诗意明显不通。今检底本作"缘"作"水"，不误。此为阎校本误校或录入错误。

第584页第11行："但闻比客歌饮马，不唱江南杨花儿"。阎校本此处"比"字，疑为"北"之形讹。作"比"于诗意不通，作"北"，方与下句"江南"相应。又宋代李石《赠张听声》诗："瞍乎洗耳试一听，莫似北客歌南风。"可作一佐证。今检底本误作"比"，阎校本失校。

第568页第1行：诗题《燕台怀古》，诗。阎校本此处"台"字当作"臺"字。由于阎校本是用繁体字排印的，理当统一使用繁体字，不当繁简混用。今检底本作"臺"，不误。"台"、"臺"本是二字，在古籍中多不通用，简化后二者统一为"台"。

第569页第12行："清时自重飞熊叟，不独奇谋得俊才"。阎校本此处"飞"字，疑为"非"的音讹字。熊，指周文王卜得"非虎非罴"之辞而得吕望于渭阳。古代熊罴连称，后遂以"非熊"为姜太公的代称。刘侗《帝京景物略》引此作"非"。今检底本作"飞"字，阎校本失校。

第438页第11行：石天麟，宪宗时，遣使海南，被拘二十八年始还。追封冀国公。阎校本此处"南"字、"翼"字，根据《元史》及《顺天府志》（永乐大典辑本）石天麟传分别当作"都"字和"冀"字。海都（又写作"海督"）是与忽必烈争夺皇位的四人之一，其他三人为阿里不哥、昔里吉、乃颜。今检底本作"南"字"翼"字，阎校本失校。

第103页第14行：《性礼大全》。阎校本此处"礼"字，疑当作"理"字。《性理大全》，又名《性理大全书》，是明代胡广等奉敕编辑的宋代理学著作与理学家言论的汇编，曾颁行全国。今检底本作"理"字，阎校本误校或录入错误。

古人云：校书如扫落叶，传世万古未易也。笔者所示几例，有的是底本误而失校的，有的是底本不误而误校的，这些例子或可证明校点整理好一本传世古籍之难。校古书之难不在校异同，而在校是非。清代学者段玉裁《与诸同志论校书之难》："校书之难，非照本改字不讹不漏之难也，定其是非之难。是非之难有二，曰底本之是非，曰立说之是非。"如果说整理古籍注定是一份充满遗憾的事业，那么整理者唯有抱着"战战兢兢，如临深渊，如履薄冰"的态度，虽不能杜绝遗憾，才能在一定程度上减轻遗憾。

2011年3月29日

密云历史上的"引白壮潮"

李东明

明时密云军事漕运任务极重，急需开辟水陆漕运。密云有"京师锁钥"之称，自古就是军事重地，战略地位更为重要。据《密云县志》记载：明洪武五年（1372）置密云中卫，下设左、右、中、前四千户所及潮河川守御千户所。洪武三十年（1397）置密云后卫，设左、右、中、前、后五千户所。成化十二年（1476）增兵5000人，分驻永平、密云。这些驻军每年都需大批的粮草供给。明洪武十二年（1379），建古北口仓，洪武二十八年（1395）于县城建龙庆仓，嘉靖年间先后建广积仓（在大水峪）、广有仓（在曹家路）等，以上各仓均为储存军粮，年储量多达16万石（约合2160万公斤）。而这些军粮及其他军事物资需从通州调入密云县城后再分运各处，且当时只靠陆路运输，没有水陆运输。为充分利用密云得天独厚的水力资源，开辟水陆漕运，明嘉靖三十四年（1555）开始引白壮潮工程。

潮白河为海河流域北系四大河流之一，上游分潮河、白河两大支流。潮河纵贯密云东部全境，境内长约60公里，其源于河北省丰宁县草碾沟南山下，古称鲍丘水。白河纵贯密云西部全境，源于河北省沽源县境内，古称沽河，初自龙门沟入密云县境，境内长约60公里。潮、白两河常年有基流，但明嘉靖年前却不过密云县城，分流至顺义牛栏山才汇合为一。

引白壮潮是当时水利建设上的惊人壮举。引白工程是在杨家庄开挖

繁忙的密云西门码头（供图：李东明）

出新河口和新河道，自马头山一改白河全势西流之势，使其向南流，经密云县城，再西行至河槽村与潮河交汇。即将白河水在河槽注入潮河，壮大潮河的水势，并使原潮、白两河交汇处东移靠近了密云县城，形成水陆漕运的天然通道。白河这一改道就需挖河道27公里，需要330多万个工时。密云县约有丁额1.5万，仅靠密云县一处人丁是微不足道的，只能从外地调入大量的人力物力，27公里新河道完全是靠一锹一镐挖出的。封堵湍急的潮河水，这在当时没有现代技术，没有现代机械，仅靠肩担手提的条件下，筑一座状如山岭的土坝，其工程浩大，其工程之难是显而易见的。

引白壮潮后，从通州漕运军粮至密云一改原来劳民伤财的陆路运输而实行便捷的水陆运输，一年四季往来不断，且直抵县城，每年水陆运漕米约15万石（约合2025万公斤），约占密云县当时军粮年总储量的94%。后又于夏秋季潮河水量丰沛时漕运可一直至古北口。直到1938年4月，平（北平）古（古北口）铁路通车后，水路才渐停运，改由铁路运输。

引白壮潮，在密云县水利建设史上是个重大历史事件，明、清、民国

白河支游的峡谷（摄影：郭晓钟）

近300来年密云军事重地的巩固和发展，漕运起到了重要的保障作用。引白壮潮更使密云县城秀美如画。潮水东来，白水西绕，双溪碧水捧献着县城这颗璀璨的明珠。清代《密云县志》载有知县傅辉文的《登密云城》一诗："叠嶂层峰拥面来，双城临水逐山开（密云县城分为新旧两城，故说双城）。堤边风细晴舒冻，岭外寒轻雪绽梅。灯影旧传红冶塔，残香犹自腻妆台。匣中宝剑横牛斗，借问当年博物才。"

（本文资料主要引自《密云县志》）

2010年3月22日

古北口战役与税关

郭晓钟

20世纪30年代古北口长城剪影（供图：郭晓钟）

古北口长城位于密云平原最北端，距北京城百余公里，再往北，则是燕山的崇山峻岭和蒙古高原。潮河从北而来，在山脉间切出一个谷地，到了古北口，这个谷地迅速向南呈喇叭状展开，形成一片大平原，古北口就成了北方进入这一平原的咽喉要道。北京的许多历史就都与古北口息息相关了。

悲壮抗战

据《密云县志》记载，古北口是万里长城各关口发生战事最频繁的地方，有史可查的战争就达130余起。距今最近的长城抗战古北口战役，以作战时间长、战斗最为惨烈而被日军称为"激战中之激战"。

古北口战役，始于1933年3月10日，结束于5月15日。投入古北口战场的中国军队有东北军第67军第112师，南京国民政府军第17军之第2、第25、第83师。日军投入的部队有第8师团、骑兵第3旅团、第6师团主力、第33混成旅团、第16师团一部、第5师团第11联队，及空军、炮兵、坦克兵各一部，双方共计投入兵力近10万人。3月10日凌晨，日军向古北口发起进攻，古北口战役开始。11日拂晓，日军在飞机、大炮的掩护下向古北口城关发起总攻，10时许，第112师的将军楼阵地被突破，日军占领古北口城关，随即以优势兵力攻击第25师龙王峪阵地。12日，

古北口抗日将士墓及墓碑（供图：郭晓钟）

第25师连续3次击退日军的进攻后，于下午3时以伤亡4000余人的代价，被迫撤出古北口，转移至南天门阵地。撤退时，一军事哨所未及时撤出，7名士兵扼守一小山头，先后毙伤日军100余人。日军动用飞机、大炮联合轰击，山顶被夷平，七士兵罹难。日军将领感奋其精神，将七人尸骨合葬，立木牌于墓前，上书"支那七勇士之墓"。4月21日，重新部署兵力的日军开始向南天门阵地发起猛烈攻击。中国军队第2师苦战5昼夜，伤亡甚大，被迫撤出战斗。第83师随后激战3天，在阵地完全被摧毁的情况下，遂撤至南天门以南600米之阵地。5月10日，日军发起全线总攻，第17军将士奋力苦战1天，兵员大减，始撤至大、小新开岭一线阵地，南天门阵地落入日军之手。12日，大、小新开岭阵地失守。13日下午4时，军事重镇石匣失陷。14日拂晓，第25师第75旅在潮河右岸与在飞机大炮掩护下的日军骑兵发生激战。15日，第17军奉调撤出战斗，古北口战役结束。是役，毙、伤日军5000余人，中国军队伤亡8000余人。日军占领密云县城，而后迅速推进，直逼北平近郊，迫使南京政府于5月31日与日本签订《塘沽协定》，长城抗战宣告失败。

屈辱税关

长城抗战失败后，长城一线的关隘陷入日本人之手，伪满洲国对华北的走私活动亦因此日益猖獗。为制止走私，国民政府于1933年底与日本关东军就交还长城各口以及双方通邮、设卡、通车等事宜在北平达成协议：日本关东军尽快撤回承德，长城各口由国民政府接管，恢复北平铁路通车。

1934年初，津海关开始招募海关巡缉队，并制订了缉私条例，规定邮包检查办法。8月10日，"管理津海关区长城各口分卡办事处"在北平设立。8月22日，津海关古北口分卡设立。之后义院口、冷口、喜峰口等长城各分卡相继设立，平津主要报刊在头版登载了设卡的消息及各口缉私暂行条例，此举等于承认长城作为中国与满洲国的分界线。

古北口是北京地区唯一的海关长城分卡，也是津海关区长城各口分卡中设立最早的关卡。关卡设于古北口镇北门外河东镇东横街中，坐北

建于清顺治十五年的古北口税务关旧址（供图：郭晓钟）

朝南，因日满等机关已先设立于该镇北部，关卡遂设于南部（《北京志·对外经贸卷·海关志》）。

设以古北口分卡为代表的长城各口分卡的目的，主要是为制止日货自关外走私入口，但由于大宗走私，多系日人操纵，或武装闯关，或假称军需，分卡很难有效制止日货走私，不法商贩多绕走他路，避开海关监管。日本侵华战争爆发前夕，日军曾多次对古北口分卡进行刁难。抗日战争全面爆发后，平津地区的政治形势十分复杂，在沦陷区的海关长城各关卡，处境困难，海关管理已徒有虚名。1942年11月，日本人任古北口分卡办事处关长。从此，海关管理完全控制在日本人手里。1943年12月，分卡办事处名称改为津海关区北京分关，下辖古北口分卡。

抗战胜利后，1945年8月14日，古北口支所关闭，北京分关改为津海关区北平分关。古北口税关结束了它举步维艰同时又充满屈辱的11年历史。

（本文资料主要引自《密云县志》）

2009年7月19日

戾陵堰
—— 北京早期大型水利工程

杨博贤

北京早期的大型水利工程——戾陵堰，出现在1700多年以前，位于石景山区西北部的麻峪村南永定河（时名灅水）上。

曹魏嘉平二年（250），镇北将军刘靖在幽州开拓边守，屯据险要。为发展农业生产解决军粮问题，刘靖亲自筹划设计，组织千名军士，在石

远眺石景山（摄影：官庆培）

景山下永定河中筑堰，并开挖水口和车厢渠。《水经·鲍丘水注》引《刘清碑》记述，该工程"长岸竣固，直截中流，积石笼以为主遏，高一丈，东西长三十丈，南北广七十余步。依北岸立水门（即引水口），门广四丈，立水十丈"。这里所说的"积石笼以为主遏"，讲的是构筑堰体的基本材料和方法。堰是构筑在河水中较低的拦水坝，有分流和溢水功能。由于堰拦腰挡住了河水，抬高了堰以上的水位，就可以把河水引入人工开挖的引水口和渠道；又由于堰体较低，多余的河水可以从堰的顶部漫溢而过，注入下游河道。关于织笼的材料，史书未见记载，推测应就地取材，用永定河两岸盛产的柳条和附近山上的荆条编织成笼，装入河床中的大块卵石，再将这些石笼按下宽上窄的形制纵横咬合排列，形成坚固的堰体。工程完工后，从引水口分流河水进车厢渠向东注入高梁河。"山水爆发，则乘遏东下，平流守常自北门入。灌田，岁二千顷。"由于这个堰的位置在戾陵（西汉时期燕王刘旦墓）附近，所以称为戾陵堰，亦称戾陵遏。

刘靖死后，追赠为征北将军，晋时封建成乡侯，谥曰景侯。曹魏景元三年（262），樊晨奉命改造戾陵遏水门，使水流量加大，河水从车厢渠东流经蓟城西北，过昌平到渔阳潞县（今通州东），灌溉田地万余顷，为刘靖时灌溉面积的5倍。

晋元康四年（294年），幽州上谷地区发生两次大地震，戾陵遏受损。元康五年（295）夏六月，永定河（时名㶟水）发生洪水，将戾陵遏冲毁四分之三。骁骑将军、平乡侯刘宏（一作刘弘，刘靖的幼子）受命统领幽州各路军事，他立志继承父业，亲临山川，指授规划，命司马关内侯逄恽率将士二千人，"起长岸，立石渠，修立遏，治水门，兴复利通塞之宜，准遵旧制，凡用功四万有余焉。"四方各部落的人，不召自至者数千人，使戾陵遏恢复原有功能。

北魏孝明帝年间（516—528），幽州地区一度"水旱不调，民多饥饿"。时任平北大将军、幽州刺史裴延儁奏请朝廷重新营造戾陵堰水利工程，得到批准。裴延儁亲临现场，考察地形水势，精心筹划，在卢文伟的帮助下，终于使废毁的戾陵堰起死回生，发挥作用，灌溉农田百余万亩。

永定河故有小黄河之称，汹涌澎湃的河水夹带很多泥沙，堰体在拦挡河水的同时也拦下大量泥沙；输渠在引入河水的同时也引进大量泥沙。

永定河夕照（摄影：郭晓钟）

若不定期清理，积以时日，堰和渠内都会因为泥沙沉积而淤塞。但从曹魏嘉平二年（250）到北魏孝明帝年间（516—528），戾陵堰及与之配套的车厢渠水利工程前后存续了三百多年，每年可浇灌农田百余万亩，使农民得到实惠，有力地促进了流域经济社会的发展进步，在当时是件了不起的事情。

北魏以后，利用戾陵堰水利工程的史书记载尚有两处：一为《北齐书》记载，斛律羡转"幽州刺史"，"导高梁水，北合易京，东会于潞。因以灌田，边储岁积，转漕用，公私利焉"。使用的是樊晨改造的路线。一为《册府元龟》记载，唐裴行方检校幽州刺史都督，"引卢沟水，广开稻田数千顷，百姓赖以丰给"。

（本文资料主要引自《永定河志》）

2009 年 10 月 18 日

金口烟云

杨博贤

金元时期，史书中有几次关于"重开金口"引永定河水东去以济京城漕运的记载。所说的"金口"，是利用当年戾陵堰的引水口，"金口河"是利用当年车厢渠的部分渠道。据《永定河志》记载，"永定河经北金沟、南金沟之西。二金沟即金、元时之金口也。""金口"的位置在今京能热电厂（原石景山发电厂南厂区）内，1985年发电厂在改建施工中，在地表以下两米多处发现了当年金口的拦水坝和金口闸遗迹。

据《金史·河渠志》记载，开挖金口河的动议，是金大定十年（1170）提出的，"议决卢沟以通京师漕运"。金世宗欣然同意，认为"如此，则诸路之物可径达京师，利孰大焉"。不过由于当年山东正闹饥荒，怕引起民怨而作罢。

大定十一年（1171），金组织力量正式开凿金口河，"自金口疏导，至京城北入濠。而东至通州之北，入潞水"。"及渠成，以地势高峻，水性浑浊，峻则奔流淤洄，啮岸善崩；浊则泥淖淤塞，积滓成浅，不能胜舟"。显然，这是一次失败的尝试。

大定二十七年（1187）三月，有大臣奏请，"孟家山（石景山）金口闸下视都城，高一百二十余尺。止以射军粮守之，恐不足恃。倘暴涨，人或为奸，其害非细。若固塞之，则所灌稻田俱为陆地，种植禾麦亦非旷土。不然，则更立重闸，仍于岸上置埽官廨署，及埽兵之室，庶几可以无虞也"。可见，开挖金口河虽然失败，但残存部分仍有水利，可浇灌稻田。有人担心金口闸地势远远高于京城，一旦永定河水暴涨，沿金口河直泻京

建于1922年的石景山电厂（供图：郭晓钟）　　建于1988年的石景山热电厂（供图：郭晓钟）

城，必成大灾。解决的办法，要么填埋，虽然将水田改为旱地，仍不算荒废；要么更新闸门，使之更牢靠，同时设官吏、立衙门、派士兵看守。世宗皇帝认为意见很对，选择了最简单的办法，派人填塞了。至此，金口河便成为历史遗迹。

元代对是否开挖金口河多有争论，直到金开挖金口河170年以后，才又引出一次大的行动。

据《元史·河渠志》记载，"至正二年（1342）正月，中书参议孛罗贴睦尔、都水傅佐建言，起自通州南高丽庄，直至西山石峡铁板，开水古金口，一百二十余里，创开新河一道。深五丈，广二十丈。放西山金口水东流至高丽庄，合御河，接引海运至大都城内输纳。"

对这个意见，大臣们颇有争议，反对者居多，尤以左丞许有壬最为坚决，一条一条地陈述厉害。然而，中书右丞相脱脱听不进反对意见，力排众议，"务必于行"。"遂以正月兴工，至四月功毕。起闸于金口，流湍势急，泥沙壅塞，船不可行。而开挖之际，毁民庐舍、坟茔，夫丁死伤甚重，又费用不资，卒以无功"。

顺帝为平息众怒，砍了孛罗贴睦尔与傅佐的脑袋，罢了脱脱的官位。

凡事过犹不及。筑堰修渠，利国惠民；开挖河道，劳民伤财。金口河留下的是耐人寻味的思考。

（本文资料主要引自《石景山区志》）

2009年10月25日

旧京城门之建与功用

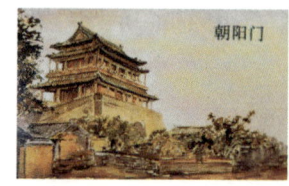

陈明

宣武门、朝阳门、正阳门画作（供图：郭晓钟）

元至元九年（1272），元世祖迁都大都，北京正式成为大一统国家的首都。大都城是当时世界上最大的城市，城方六十里，城门共11座。

明洪武元年（1368），明将徐达攻克大都，改大都路为北平府。为防御元军残余势力的侵扰，将北城门向南迁约5里，即现德胜门和安定门一线。废弃光熙门和肃清门，城门变为九座。今德胜门以北的"土城"就是当年大都的北城墙遗址。

永乐元年（1403），明成祖朱棣登基，改北平为北京，改北平府为顺天府，并开始大兴土木，修建宫殿及城墙。永乐十七年（1419），在营建宫殿的同时，又将元大都南城墙从今天东西长安街一线向南推了约2里。

正统元年（1436），数万人开始修建京师九门城楼，截止到正统四年（1439）四月，九座城门的城楼、瓮城和箭楼初具规模，分别为：正阳门、崇文门、朝阳门、东直门、安定门、德胜门、西直门、阜成门和宣武门。

崇文门、广安门、右安门画作（供图：郭晓钟）

嘉靖三十二年（1553），开始修筑京师外城，外城全长28里，共城门7座，分别为永定门、左安门、右安门、广渠门、东便门、广宁门（后改为广安门）和西便门。

各城门具有城楼、瓮城、箭楼，并开挖护城河，在护城河上建石桥。外城建成后北京城就变成了"凸"字形。

顺治元年（1644）清兵入关，定都北京，城门沿用明朝旧称，并分别为满洲、蒙古、汉军八旗所居。镶黄旗居安定门内，正黄旗居德胜门内，正白旗居东直门内，镶白旗居朝阳门内，正红旗居西直门内，镶红旗居阜成门内，正蓝旗居崇文门内，镶蓝旗居宣武门内。

不同行业进入京城会走不同的城门。

东直门，多走砖瓦、木材车。过去的砖窑都设在东直门外，从南方运来的木材也从东直门进城。

朝阳门，多走粮车。通过京杭大运河运来的漕粮，都由此门入城，存放在朝阳门内的几座大仓库内。

崇文门，多走酒车。当年北京南部有很多酿酒的作坊，酒车常从崇文门进城，所以有"崇文门进酒车，宣武门出囚车"的说法。正阳门，又称前门，走"龙车"。

正阳门是内城的正门，除了皇帝之外，任何人也不准从箭楼下边的正门出入，只能走东西两边的旁门，因此它平时总是紧紧关闭。

宣武门，多走囚车，当时北京的墓地多在陶然亭一带，所以送葬的人多出宣武门，清代的刑场在菜市口，押送死囚的车也出宣武门。

阜成门，多走煤车。西山门头沟出产的煤是北京城里必不可少的燃料，此门距西山最近，因此煤车都从此门进城。标志"梅"与"煤"同音，

正阳门夜景（摄影：郭晓钟）

有"阜成梅花报春暖"的说法。

西直门，多走水车。北京城内的水质不好，皇宫用水都取自玉泉山，每天清晨，水车皆从西直门入城。

德胜门，军队出征时从此门出城，多走兵车。

安定门，军队凯旋从此门入城。皇帝要从此门出去到地坛祈祷丰年。另外安定门外的粪场比较多，所以粪车多从安定门出入。

九门中有八门启闭有时，那时有句俗语"城门响点不等人，出城进城要紧跟"。到了关门时间，城门准时关闭，无论进城还是出城都毫无办法，除非官方有事命令开城门。惟独崇文门通宵达旦地开着，因为此门为收税关口，通宵有差役守卫。

民国二、三年（1912、1913），有人向袁世凯建议于正阳门与宣武门之间开辟一新城门。因故至民国十五年（1926），新门开辟而成，初名兴华门，十七年（1928）改名和平门。民国二十八年（1939），日本侵占北平期间，于东西长安街的东西两端城墙，开辟两个新门，名为长安门、启明门，1945年抗日战争胜利后，改称复兴门、建国门。

（本文资料主要引自《北京胡同志》）

2010年2月22日

中西合璧的古都近代建筑

谭烈飞

在古都北京，宫殿、民居、苑囿、宗教建筑等是其古代城市建筑的主体，到了近代它体现出具有包容各种文化的特征。这中间既有对外来建筑文化的主动包容，也有对外来文化渗透的被动改造，并且伴随着对近代资本主义入侵的无奈。当人们回顾这些诠释北京历史进程的生动文物的时候，常常会被那些中外文化相互碰撞交融的精彩细节所深深吸引。

颐和园石舫（摄影：赵信儒）

早期"西洋楼式"建筑颐和园石舫

颐和园始建于乾隆十五年（1750），时称清漪园，曾建有大型石船，是乾隆皇帝及其母放生之所，1860年被英法联军烧毁，光绪十九年（1893）仿外国游轮又重建，把原来中式的舱楼改建成洋式的雕花屋顶，并在石舫两侧添加了两个石造的西式机轮，并取"河清海晏"之意，命名"清晏舫"。整个船体长36米，建筑面积326.2平方米，用巨大的石块堆砌而成，两层舱楼系木结构，但都油饰成大理石纹样，顶部用砖雕装饰，舫内满铺西洋地砖，门窗上面也镶嵌了特制的彩色玻璃，精巧华丽，船头抱厦里柱雕花，楣子下悬挂"清晏舫"匾。石舫做法其实仍遵从中国传统的木结构技术，只是在装修上做了洋式处理，"清晏舫"的匾额肯定是中式的。虽然这只是一座舱楼，距圆明园西洋楼建成过了一百多年而出现的建筑作品，但在北京建筑史上具有特殊的意义，是"西洋楼式"在北京地区的代表之作。

王府井天主教堂里的中式楹联

位于王府井大街的天主教堂，始建于康熙五十九年（1720），经历了几次废建，现存的教堂是光绪三十年（1904），用《辛丑条约》赔款由法国和爱尔兰遣使会合作重建，总占地面积近1公顷。院内中间为天主堂，坐东朝西，坐落于青石台基之上，面阔约25米，进深约60米，共计约30间，平面呈拉丁十字架形。大堂正面开三个门，南北两侧有旁门，在上有"1905"字样。堂体外墙厚实，窗户较小，门窗上部为半圆形拱环。堂顶上有三座圆拱形堡顶，上立有十字架，中间略大，两边略小。堂内有18根圆形砖柱支撑，柱径为0.65米，柱础为方形，两侧挂有许多内容为耶稣受难故事的油画，是典型的罗马式教堂，就是这样的一个完全舶来的建筑形式，在正门石柱上有楹联"庇民大德包中外"、"尚文宏勋冠古今"，横额为"惠我东方"，带有明显的中式文化的痕迹。

王府井天主教堂（供图：谭烈飞）

中西合璧的瑞蚨祥店门

瑞蚨祥绸布店开业于清朝光绪十九年（1893）。是享誉海内外的中华老字号，为旧京城"八大祥"之首。位于大栅栏街5号，1900年被焚后重建，1901年重建完成。该建筑为砖木结构，全部建筑由店堂和附属用房两部分组成。店堂平面为南北方向的长方形，由传统建筑屋顶单元（勾连搭卷棚）组成，入口处是两层楼高的铁皮天棚。此外均为木屋架、砖墙；店前有洋式铁皮顶罩棚，朝南的主立面为深绿色，上有五幅白色大理石雕刻，主题为中国传统的"松鹤延年"、"牡丹图"、"荷花图"等，中央入口处采用浅黄色及石头本色。建筑总体上为中国民间传统的做法，店面采用了一些西洋建筑变形的局部，被称为"从中国民间渠道接受外来建筑文化影响的一个典范"。

瑞蚨祥（供图：谭烈飞）

带有云龙浮雕的正阳门东车站

京奉铁路正阳门东车站始建于1901年，1906年投入使用，于1966年拆除，只剩下钟楼部分及与之相连的两层办公楼，现开辟为博物馆。这个车站由英国人修建，所以建筑的风格体现了英国流行的特点，墙体使用红砖，兼以白色石材，形成引人瞩目的效果，平面为矩形，墙体采取英式砌法，既一层顺砖，一层顶砖交替砌筑，主楼二层，砖墙砖柱木桁架，瓦楞铁皮屋顶，中间开天窗，外墙用红砖和水泥抹灰相间处理。候车室的

京奉铁路正阳门东车站（供图：谭烈飞）

山墙面呈弧形，弧形两端各镶一块只有中国才有的云龙浮雕。龙，是我国古代皇权的象征，为皇家专用。那它为什么会装饰在京奉铁路车站上呢？京奉铁路连接的是北京与满清故都盛京奉天（今沈阳），有"大清第一路"之称，因此这里便出现了龙的形象。建筑史专家们称之为"具有北京地方特色的英国风格建筑"。

北京协和医学堂的大屋顶

　　中国协和医科大学的前身是协和医学院，再前身为北京协和医学堂，位于东单北大街路西。由英、美几个教会在1906年创办，1917年由美国洛克菲勒基金会投资，在东单三条胡同原豫王府奠基建新校舍，分两期建设，其中1917年至1925年建成14座楼房，设计皆由美国人负责，整体为砖混结构。新校舍建筑群的建筑材料主要是水泥和砖石，其内部的装修主要是西式的，建筑采用灰砖磨砖对缝，而墙体之上为庑殿式绿琉璃瓦大屋顶，中间加一道琉璃腰檐，下为汉白玉台基栏杆，模仿的是中国古代的建筑传统，被称之为"中西建筑形式的拼凑"，当然我们不能简简单单的用穿西服戴毡帽来比喻，远远望去青砖墙体上的绿琉璃瓦大屋顶也还是独具特色的。

四合院中的西式点缀

四合院是北京民居的代表建筑形式，其典型布局是在南北向主轴线上建坐北朝南的正房，前面建东西厢房及与正房相对的南房，称之为四合，并以房屋后墙及院墙围成封闭式的宅院。较大的宅院沿主轴线布置数个这种"一正两厢"的院落，形成多进院；更大的宅院则几个多进院并列，且附有花园。进入近代以后，有些四合院发生了相应的变化，西式建筑形式成为重要的点缀。后圆恩寺胡同7—9号院位于交道口南大街西侧，曾是清末庆亲王奕劻次子所建之中西合璧四合院，坐北朝南。院内西部为中式传统四合院；中部为西式二层楼，楼前有圆形喷泉水池，周围点缀原圆明园石刻，池东南有一花岗岩棱柱西式圆亭；东部有假山有游廊。抗日胜利后曾为蒋介石行辕，1984年公布为市文物保护单位。

后圆恩寺胡同四合院中的小洋楼（供图：谭烈飞）

兼收并蓄是北京近代建筑的重要特点，既体现了中国传统文化的根基，也反映了那个时代带来的变化。这些建筑形式都是漫长变化的历史的有形记录，具有重要的研究价值，也需要全社会给以珍视和保护。

（本文资料主要引自《北京志·建筑卷·建筑志》）
2009年9月20日

北京的几个"十大建筑"

郑明光

北京十大建筑评选是北京建筑界的一项传统"盛事",也是北京地方文化中的一朵靓丽"奇葩"。在20世纪50年代、80年代和90年代各举办过一次。其产生的社会影响之大,参与评选的人数之多,是其他评选活动很难企及的。而每一次当选的"十大建筑"又为我们留下了鲜明的时代烙印。

50年代国庆献礼

20世纪50年代的"北京十大建筑"也可视为当时的国家十大建筑,它是建国10周年的献礼工程。鉴于当时中国面临国内国际形势的压力,中共中央在北戴河会议时强调要搞几项经典工程,向世界证实中国的新面貌及实力,同时也为迎接中华人民共和国成立10周年献礼。1958年9月5日确定国庆工程任务,10月25日陆续开工,仅用了一年时间,1959年9月,10项工程就全部完工,总建筑面积67.3万平方米。其中建筑面积17万平方米的人民大会堂,其工程结构之复杂、装修标准之高,采用新技术、新材料、新设备、新工艺之多,施工速度之快,都属当时国内之最,写下了中国建筑史上的新篇章(据《北京志·建筑卷·建筑志》)。1959年9月25日,《人民日报》发表社论盛赞这些建筑"是我国建筑史上

20世纪50年代的十大建筑之一——民族文化宫（供图：郭晓钟）

的创举"。

1959年第一届北京十大建筑

人民大会堂、中国历史博物馆与中国革命博物馆（即今天的中国国家博物馆）、中国人民革命军事博物馆、全国农业展览馆、北京站、北京工人体育场、民族文化宫、民族饭店、钓鱼台国宾馆、华侨大厦。

80年代公众投票

第二届"北京十大建筑"产生于20世纪80年代的1980年至1987年期间，此时正值中国改革开放的第一个10年，设计、建设过程中奉行的是"适用、经济、美观"的方针。80年代"北京十大建筑"的评选首次通过专家评议，最终由广大市民直接投票选举产生。评选活动共产生出23万张

1987年竣工的首都图书馆（供图：郭晓钟）

群众选票，评选出的建筑基本是现代主义风格。80年代十大建筑反映了中国当代建筑起步阶段的水平，曾创多个国内第一：长城饭店，首次使用玻璃幕墙；首都机场候机楼，第一个具有现代化设施的机场建筑物；中央彩色电视中心，有56块荧屏组成的大屏幕墙，当时位居亚洲之冠的101个录音室，国内最大的1000平方米演播室；中国剧院，第一座大型现代化歌舞剧院；东四十条地铁车站，是中国最早地铁建设的成果。

1988年第二届北京十大建筑

北京图书馆新馆（今国家图书馆）、中国国际展览中心、中央彩色电视中心、首都国际机场候机楼（2号航站楼）、北京国际饭店、大观园、长城饭店、中国剧院、中国人民抗日战争纪念馆和北京地铁东四十条站。

90年代冷静思考

90年代北京的十大建筑在形式方面有了很大的不同，建筑技术以及材料更为新颖，反映了新技术与新材料、经济的发展对建筑的作用，释放了建筑形式的个性，同时表现出建筑形式语言方面的多元化和国际化倾向。如果说20世纪80年代还选择"中式"的"大观园"项目，反映了当时人们对中国传统建筑的留恋，而到90年代，这些传统理念则离我们渐行渐远。进入21世纪的十大建筑，从形式到逻辑到设计结构的国际化趋势，已逐渐显现。

2001年第三届北京十大建筑

中央广播电视塔、国家奥林匹克体育中心与亚运村、北京新世界中心、北京植物园展览温室、清华大学图书馆新馆、外语教学与研究出版社办公楼、北京恒基中心、新东安市场、国际金融大厦、首都图书馆新馆。

进入2000年，特别是北京申奥成功后，北京的城市建设进入了大规模高速发展时期。众多全球知名建筑师云集北京，参与北京城市建筑的设计和施工。伴随着各种建筑作品拔地而起，北京几乎成了一座"世界建筑博物馆"。这次十大建筑评选活动，候选的全部是2005年底之后竣工的项目。新上榜的十大建筑见证了人文北京、科技北京、绿色北京的新成就。这次活动引起的社会反响也让主办方始料不及：在短短的读者投票期间，共收到市民参与的平面媒体选票、手机短信选票、网上选票共971.2万张，仅网上参与投票的群众就高达900多万人次。这是1999年评选90年代十大建筑时收回的63万余张选票的15倍，反映了人们对首都城市建设的空前关注。

2009年北京当代十大建筑

首都机场3号航站楼、国家体育场（鸟巢）、国家大剧院、北京南站、国家游泳中心（水立方）、首都博物馆、北京电视中心、国家图书馆（二期）、北京新保利大厦、国家体育馆。

北京十大建筑，寄托了中国人的强国梦想，也增强了北京市民的荣誉感和自豪感。

（本文资料主要引自《北京志·建筑卷·建筑志》）

2010年1月4日

近代北京的银行建筑（上）

司马城

1840年—1949年是北京建筑急剧变化的时期，随着西方列强的侵入，出现了西方建筑风格的新型建筑。另一方面，几千年来发展形成的传统建筑还在延续。于是北京近代逐渐形成了中国传统建筑延续变化和西方风格建筑的形成发展，且两者并存又相互影响、渗透的局面。

北京近代的传统建筑大致有旧式工商建筑和会馆建筑，有"四合院"民居建筑，还有如颐和园等皇家园林建筑。北京近代的西方风格建筑是指由西方移植而来，或是带有其风格的建筑。

自19世纪末，中、外银行纷纷在北京出现，到1920年前后，北京银行业曾一度得到迅速发展。这是因为第一次世界大战发生，外国在华金融势力相对减弱，更因为北洋政府大量发行国内公债和向银行借款所致。这一时期银行建筑随着银行的设立大量涌现。银行建筑因要求表现出业主资本的雄厚，以便在吸引存款者的竞争中占据有利位置，绝大多数都采用西方古典风格建筑形式，建造得坚实雄伟，精美考究，在近代建筑中十分突出。

早期银行建筑，现在保存下来的主要是外国人设计的几家银行建筑。它们是位于正义路的日本横滨正金银行北京分行旧址（建于1910年），位于东交民巷的美国花旗银行北京分行旧址（建于1914年），该两处均为西方古典风格。还有位于东交民巷的法国东方汇理银行北京分行旧址（建

日本横滨正金银行北京分行旧址（摄影：董良）

于1917年）。

  在中国人自己设计、建造的银行建筑中，最著名的要推大陆银行北京分行旧址和交通银行北平支行旧址。大陆银行北京分行办公楼，1924年由贝寿桐设计（一说设计人为朱彬），由中国民办建筑事务所基泰工程司承建，于1926年初竣工，是中国建筑师比较早的大型公共建筑设计之一。该建筑位于西交民巷，原来处于其他建筑之间，20世纪70年代天安门广场拓宽，银行东侧建筑被拆除，整个建筑东面暴露出来。该大楼主体：地下一层，地上四层。立面为西方古典式，三段划分。基座以大尺度方块花岗石砌造，高至一层窗台，夸大了入口的壮观威严，并加强了稳重感。南面中间入口大门作为重点装饰，在高达三层的拱门内嵌以汉白玉

大陆银行北京分行旧址（摄影：侯兆年）

券柱，两侧有二层半高的科林斯壁柱，加强了入口的地位。建筑上方的方形钟楼上覆以穹顶，比例适度，造型准确。

　　大陆银行成立于1919年，总行设在天津，是旧中国重要的私营银行之一，与金城银行、盐业银行、中南银行一起，被称为"北四行"。今天人们在天安门广场西南角看到的那座引人注目的具有西方建筑风格的银行大楼（现为中国银行总行所用），就是大陆银行北京分行的办公大楼。经历了八十多年的岁月磨砺，在现代化建筑鳞次栉比的北京城，它仍不失其宏伟富丽的风姿，它是20世纪20年代北京银行业快速发展留下的一个历史见证。

（本文资料主要引自《北京志·综合经济管理卷·金融志》）

2011年5月24日

近代北京的银行建筑（下）

司马城

20世纪30年代，在众多西方古典建筑风格的银行建筑中，位于前门外西河沿的交通银行北平支行办公楼，因采用中国折中式建筑风格而显得别具风采。

交通银行北平支行是中国著名建筑师杨廷宝的代表作（杨的另一代表作是清华大学后期校园建筑）。该建筑于20世纪30年代初设计，1932年6月竣工。钢筋混凝土结构，临街四层，底层为营业大厅，空间高二层，其周围布置办公室和辅助用房，地下室为金库。大楼基座用花岗石贴面，水刷石墙面。上部用大块云纹花饰和一排琉璃檐口，并施以斗拱装饰。正立面隐含着中国传统石牌坊的构图。内部天花藻井、隔扇栏杆，外部垂花门罩均用中国古典式样，略加简化。窗口稍有中国花纹图案的浅浮雕。该建筑基本采用西式建筑构图，采用当时的先进技术和材料，不用大屋顶，只在众多部位施以中国古典建筑构件，以取得建筑的民族格调，当时称为"现代式中国建筑"。这种设计手法使该建筑与所处的大栅栏传统商业区相适应，对后来的建筑设计产生较大的影响。

交通银行成立于1908年，设总行于北京，是北洋军阀政府、民国政府的国家银行。1928年，民国政府迁都南京后，北京改称北平，交通银行总管理处迁往上海，北平交通银行的业务大大收缩，成为天津分行下辖的一等支行。如今，位于前门外西河沿的交通银行北平支行旧址，在前

交通银行北平支行旧址（摄影：侯兆年）

门西大街改造后，其北面直接面朝大街。

北京近代银行建筑体现了北京近代建筑，特别是经济类建筑从传统形式向西方建筑形式发展演变的过程，在中国近代建筑史上具有重要的地位。北京近代的银行建筑以独特的建筑风格和历史内涵记录了北京百多年来的政治风云、经济发展、社会嬗变和文化演进，成为北京城市风貌不可分割的一部分。

1995年11月，北京市人民政府公布了第五批文物保护单位共56项。在26项优秀近现代建筑中有9项为近代银行建筑。这些建筑与以前文物分类中的革命纪念建筑、古建筑及历史纪念建筑一样，具有十分重要的价值。

（本文资料主要引自《北京志·综合经济管理卷·金融志》）

2011年6月7日

北京最早的体育场馆

刘兴忠

北京基督教青年会体育馆旧址（摄影：刘兴忠）

20世纪初叶，现代体育传入北京。作为现代体育载体的体育场馆，伴着现代体育的传入也于这时在北京兴起，至今已有近百年历史。

北京体育设施的历史要从教育和基督教说起。清政府于1901年废除科举制度，1904年又颁布《奏章学堂章程》，明文规定各级学堂要增设体育一科，自此推动了现代体育在北京的兴起。当时，在北京办教育的基督教率先在协和书院、汇文书院等中、小学增设了体育教学和竞技体育活动，成为了现代体育传入北京的主要渠道。这些学校为了教学和竞技活动的需要，分别修建了一些简陋的体育场，但规模、数量都比较有限，直到1949年新中国成立前夕，全市仅有各类体育设施180余个，其中三分之二以上都是学校的篮球场和田径场。但这为数不多的体育设施中，确有3个标志性场馆是载入史册的。

坐落在东单北大街的北京基督教青年会体育馆，是1914年北京建成最早的室内体育建筑。馆内的体育训练和健身功能主要在地上一二层和地下一层。地上一层是一个木质地板铺成的没有边线的篮球训练场，有时也可进行羽毛球训练。二层是一圈用做身体训练的跑廊。地下是健身房和2条球道的滚球场，另有各一个台子的台球、乒乓球训练场地。在这个建筑之外还附有一处露天体育场，场内设有2片网球场，冬天时不能打网球即可做滑冰场。这座建筑虽处繁华闹市，仍被完好保护下来，它的规模虽然不大，但在当时可是开时代之先的产物，其名声和影响都非常之大。

清华大学体育馆位于清华园的西部偏北处，分前馆和后馆两部分，前馆于1916年至1919年历时三载建成，由墨菲设计，泰来洋行施工，外表采用西式古典形式，馆前置有花岗岩柱廊；后馆于1932年建成，建筑风格与前馆浑然一体，功能的设计与前馆巧妙相接。前后馆总建筑面积4000多平方米。前馆因配有暖气、热气干燥设备，当时被称为国内最先进的体育馆。馆内设有篮球场、手球场、80码悬空跑道及健身器械，特别是附设的室内游泳池，实行池水水源消毒，十分清洁卫生。所有这些在当时中国高校是仅有的，曾令清华学子长期引以为豪。该馆建成后成为清华师生室内体育活动、比赛的主要场所和汇聚、造就英才的摇篮，如我国现代体育教育先驱马约翰、曹霖生及李剑秋、夏翔都在此长期执教。从这里走出的体育、社会英才数不胜数。

先农坛是封建皇帝每年二月祭祀神农并进行象征性耕耘的地方，民国初年这里被辟为公园。但当时这里交通不便，加之其景观不如天坛之壮丽，因而游人稀少，荒芜一片。恰在这时，北京承诺办第19届华北运

清华大学体育场（摄影：刘兴忠）

动会，时任市长袁良亲率人马于1934年到先农坛勘察，决定在此修建公共体育场。但此后不久袁良离任，继任市长秦德纯于1936年春拍板开工，并为奠基石题写"北平市公共体育场"。工程由公和祥建筑厂承包，建设速度不慢，只用了一年多时间即告完工。建筑规模不算小，周边有十多层台阶的看台，下边有工作室、休息室、更衣室等附属用房，可容观众15000余人。自此先农坛体育场成为了北京市历史上第一座最大的公共体育场。然而，不久日寇侵占北平，刚建成的体育场成了敌伪军"华北运输公司"囤积粮食的粮库。抗战胜利后，先农坛体育场又被国民党汽车部队占据，整个体育场停满汽车，马达的轰鸣声不绝于耳，看台下的房屋也被毁坏得不堪入目，不仅足球、田径等大的赛事无法进行，就连老百姓早晚锻炼都被持枪军警拒之门外。所以，先农坛公共体育场建成直到北平解放，除办过几次中、小学生运动会外，真正意义上的大型全国赛事和国际赛事都没有举办过。新中国成立后，党和政府高度重视体育工作，1949年10月22日新中国第一个大型运动会——北京市人民体育大会就在先

先农坛体育场（供图：郭晓钟）

农坛体育场召开，党和国家领导人周恩来、彭真、郭沫若等出席大会，前苏联等友好国家使节及上海、南京、西安、大连等城市都派代表到先农坛观摩比赛。之后，政府专拨经费对先农坛体育场主场进行大规模改造，加高了看台，使体育场容量增加到30000个座位，并修建了4个40米高的照明灯塔，与此同时还把外场修扩建成两个标准足球训练场和一个田径投掷场，使先农坛真正成为了群众健身、专业训练和承接大型足球、田径赛事的场所。之后几十年间，许多重大全国和国际足球、田径赛事在先农坛举办，一批世界级选手先后夺得过四十多个世界冠军，先农坛真正成为了冠军的摇篮。

（本文资料主要引自《北京志·体育卷·体育志》）

2009年8月16日

京城粮史

梁实

积水潭码头（摄影：郭晓钟）

北京地区粮油生产、加工、流通和消费的历史十分悠久。西周至战国时期（前11世纪—前221）的蓟城农业生产已具有一定水平。自秦汉以来，蓟城成为中原王朝的北方边城和军事重镇，长期屯驻大量军队。历代统治者为了解决军队的给养问题，除从全国各地调运粮食之外，也要

《潞河督粮图》局部（摄影：郭晓钟）

就近解决粮源。从平谷、顺义、怀柔出土的东汉陶磨、陶碓以及双人踏碓俑，可知1900多年前京城地区已有粮食加工业。

隋唐时期，幽州农民引卢沟水种稻数千顷，百姓赖以丰给。贞观时设常平仓储粮，用以备荒赈济，调节粮价。但是大量驻军用粮仍由江南运来。武则天称帝后，曾于万岁登封元年（696）租船数千艘，运粮百万石至幽州，充纳军粮。隋唐时幽州也是商业繁盛之地，各行各业云集于城北的幽州市，经营粮油的有白米行、大米行、粳米行、磨行、油行，粮油商业分工很细。

北京是辽的陪都，金、元、明、清的帝都，尽管改朝换代的战乱使农业生产受到破坏，但是由于辽金时期农耕技术的改进，元代抽调一部分屯军从事垦殖和兴修水利引水种稻，以及明洪武年间4次大规模移民，加上军士屯田，京郊大批村落形成，粮食产量有了较大提高。作为封建王朝的政治、经济中心，大城市功能逐渐完备，粮食供应也成为维护封建政权的首要问题。

金代于贞元元年（1153）迁都后，中都人口增至82万余人，对漕粮的依赖日重。金世宗大定十二年（1172）新开运河，章宗泰和五年（1205）疏浚通州潞水漕渠，可使运粮船直抵中都，每年漕粮运量约在10万石至

20世纪50年代京郊联合收割作业（供图：郭晓钟）

百万石。

元代郭守敬在原有运河的基础上沟通南北水系，直抵大都城里。至元三十年（1293），大都到杭州的大运河全线贯通，使江南、黄淮等地的粮食源源不断输入大都，每年漕粮在百万石至300余万石，供大都百万军民食用。大都设京畿都漕运使、通惠河运粮千户所等机构，专司漕运事务。当年积水潭已辟为水陆码头，运粮船直抵此处，一时舳舻蔽水，船货云集。

元世祖忽必烈当政时，开辟海运渠道，后逐年增加海运量，文宗天历二年（1329）漕粮总额高达352万石。元朝中叶以后，海运几乎取代了内河水运。

明万历时期京城人口约90余万，清初已达120万，所需用粮除地产及河北、西北杂粮外，主要粮源靠漕运。明清两朝每年漕粮运量均在二三百万石以上。漕粮除供宫廷、官衙、军队以及赈祟救灾之外，有二三成流入民间进行贸易，接济民食。

1894年中日甲午战争后，清政府允许外国在通商口岸开设工厂，刺激了我国粮油生产。北京第一家由李福民开设的机器磨房就产生在这一

玉泉山下插秧忙（供图：郭晓钟）

阶段。

清光绪三十年（1904），津浦铁路通车，由浦口直达北京，京通铁路支线又直达东便门外太平仓，南方来粮可直接入仓，从此漕运停止。主管漕运的大批官员、兵夫自然裁撤。延续几代的漕运画上了句号。

（本文资料主要引自《北京志·商业卷·粮油商业志》）

2010年7月26日

京城老药铺绝活儿

姚晨

古都北京,绵延几个世纪以来积淀了令人瞩目的丰厚人文遗产,老字号药铺当属其一。且不说众所周知的同仁堂,著名的老药铺还有多家,而且各具"绝活儿"。

鹤年堂的"汤剂饮片"

早年间老北京人都流传说:"要吃丸散膏丹到同仁堂,要吃汤剂饮片到鹤年堂",可见鹤年堂的优势。鹤年堂加工炮制的汤剂饮片,确是选用地道药材,精心除去非药用部位,讲究质量,加工精细,深受名医信赖和群众好评。

鹤年堂相传始创于明嘉靖四年,地址在菜市口,至今已有400余年的历史,原是明代严嵩花园中一个厅堂的名字,严嵩手书的鹤年堂匾流落到民间而成为这个药店的名字。鹤年堂开业后店门外悬挂的"西鹤年堂"匾额,相传是严嵩之子严世藩所书。民国以后,鹤年堂常与同仁堂并驾齐驱,曾有《旧都文物略》记载:"同仁堂、西鹤年堂药铺,皆数百年营业,声闻全国,近虽西药林立,即同仁、鹤年二家,于平市(即北京)四城设分肆无数,而购药者不约而同趋前门及菜市口两处。"

民国时期的西鹤年堂（供图：姚晨）

万全堂的"银翘解毒丸"

万全堂制售的中成药多为古代名医成方、验方，其中有据清代著名的瘟病学家所著《瘟病条辨》而制成的银翘散，制成蜜丸的银翘解毒丸，疗效颇佳，深受欢迎。前店后厂是万全堂的经营特点，后边以作坊式加工饮片及中成药，前店调剂汤方饮片、销售中成药。万全堂开业于明永乐年间，约有500年历史，该店挂有出于民国十五年的一幅藏头对联，上下联第一个字相连即"万全"，上联是"万国称扬誉广三千界"，下联是"全球景仰名垂五百年"。

千芝堂的"坐堂应诊"

千芝堂是旧京城中能自立于药铺之林的药店之一，老北京时四大名医之一的施今墨先生较早在千芝堂"坐堂应诊"。这种中药业于20世纪30年代实行的医药结合的传统，既方便病人就医买药，又宣扬了药店声誉，

> 吾樂家同仁堂自前清康熙壬午年開設於舊都正陽門外大柵欄路南至今近三百年馳名中外民國己巳年復在南京城內三山街路西開設同仁堂分號至各省商埠所設之同仁堂藥店雖曰同仁字樣非吾樂家所有今將北平同仁堂老藥鋪正面攝影俾供參觀以別真偽
>
> 同仁堂鋪東樂詠西謹識

同仁堂早期门脸（供图：姚晨）

增添了知名度，扩大了业务，是病人、医生、药店均受益的好形式，深受各界好评。千芝堂中药店创建于明朝末年，据有关部门调查，该店的门面是明、清沿袭下来中式药店至1949年保存完好的唯一一家。

德寿堂的"广告印刷厂"

德寿堂药店开业于清末民初，其创始人康燕侠原从事药材行商，常走访于各地来京的药商之间，推销药材与中成药。他头脑灵活，不仅自设制药场所，自选自购优质原药材，自制丸药，而且备有专门宣传自己产品的广告印刷厂，以多种方式进行广告宣传，创名牌，经常在报刊或以海报形式宣扬，还不时向剧院、书馆赠送绣有中成药宣传字样的绸缎门帘等，不断扩大其知名度。由于广告形式灵活多样，多层次、反复广泛宣传，老少妇孺人人皆晓，从而使德寿堂中药店名声远扬，销量大增。

（本文资料主要引自《北京志·卫生卷·卫生志》）

2010年7月5日

门头沟祭窑神旧俗

姚忠阳／洪浩

门头沟采煤业始于辽代,在长期采煤过程中,形成了与煤业息息相关的习俗,其中就有祭窑神的旧俗。

祭窑神是门头沟采煤业的节日。腊月十七日,当地煤业士绅到窑神庙焚香叩首,礼敬如仪。各窑台恭贴窑王爷神纸像,左右配贴对子如"乌金墨玉"、"石火光恒"之类祥词吉语。窑口摆放供桌、香烛,供整鸡、整猪。自凌晨起,各窑争先恐后燃放挂鞭。众人依次向窑神叩首作揖,祭拜盛况比春节还热闹。祭祀的当天,有钱的窑主请伙计及各界人士在窑上喝酒吃饭,拉骆驼的、骑驴骡驮煤的、唱喜歌的叫花子都可以入席。这天,即使是特别吝啬的窑主,也会慷慨大方,请窑工们吃饱喝足;这天,也是窑工们的狂欢节,劳累一年的窑工们尽情喝酒吃肉、舒展筋骨。从这天开始,煤窑放假停工,窑工们回家过年,直到春节过到初五才恢复开工。

关于门头沟窑神来源说法不一,《北京市门头沟区志》记载,"称魏姓窑工,其性格豪迈,急公好义,身材魁梧,身强力壮,乐于急难救人,被后人称为窑神。"门头沟有专门祭祀窑神的庙宇,圈门的窑神庙,是京西唯一一处把窑神作为主神供奉的庙宇。门头沟窑神经民间演绎,形成四种风格不同的形象。其一是圈门窑神庙所塑窑神坐像,黑脸,虬须,头戴官帽,身穿黄袍。其二是禅房村秀峰庵壁画窑神,面黑,须如刺猬,口微起,头戴软冠巾,背罩神光圈,身披铠甲,内着镶红边黑袍,端坐交椅,左手扶膝,右手持钢鞭。一腿前伸,一腿置椅下,足蹬靴,气魄勇武。其三是千军台、庄户村正月十五"走天仙会"队中有窑神幡,上书"山川地库煤窑之神"。所绘神像,头戴盔,身披甲胄。左手持开山斧,右手提一串铜钱,衣带飞舞,身后飘祥云几缕。其四是门头沟民间贴的雕版印刷的"神码子"窑神纸像,头上无冠,头前部光亮无发,两耳后毛发直立,状如刺猬,两手放在胸前托着一块煤炭。神码子由京城纸店印制,矿区也有人自己操刀雕刻神码木板,由于技法不一,所刻出的窑神形象也有出入,但大体相似,请(买)窑神像的人也不计较,致使窑神形象更加五花八门。

在煤窑工作还有很多窑忌,也与窑神祭祀有关。如在井下发现有老鼠等动物,窑工一般不能去打,窑工认为老鼠是窑神爷的马,有老鼠的地方就有窑神保佑平安。其实,这是一种误解。井下有许多地方空气不流

门头沟今日风貌(摄影:刘望鸿)

通,人进去后容易窒息死亡,煤窑称为"瞎醒"。而有老鼠活动的地方,氧气是充分的,人进去采煤也是安全的。

全国其他地区祭祀窑神,都是腊月十八,就是与门头沟比邻的房山长沟山谷、周口店一带的煤窑,

门头沟碣石(摄影:刘望鸿)

也都是腊月十八才开祭。而门头沟地处天下第一县——宛平县,门头沟的煤直接为京城皇族使用,门头沟的窑神也受到特殊照顾,提前一天享受人间供奉。1956年,资本主义工商业改造基本完成后,京西私营小煤窑开采暂时结束,门头沟祭祀窑神基本停止。20世纪90年代,京西矿区集体和个体经营煤窑增加,又出现了窑神祭祀活动。

在旧时代,虽然门头沟的采煤业人士虔诚地祭祀了窑神,但煤窑事故仍时有发生;煤窑的采挖,也破坏了生态环境。为了保护人民的生命财产,为保护好门头沟生态环境,门头沟区以"壮士断腕"的决心,决定退出曾作为门头沟主导产业之一的采煤业,陆续关闭煤窑矿山。今年5月,最后6座煤窑彻底关闭。为了让群众摆脱对采煤的依赖,区里实施"送气下乡"、节能房改造、建立型煤加工厂等一系列工程;积极调整产业结构,确立了都市型现代农业、旅游休闲产业、高新技术产业、文化创意产业和生产性服务业五大产业发展方向,推动经济发展方式转变。门头沟祭祀窑神的旧俗也将永远成为历史。

(本文资料主要引自《门头沟区志》)

2010年6月7日

古都祭日

谭文

日坛,又称朝日坛,始建于明嘉靖九年(1530),是明清皇帝祭祀"大明之神"的祭坛。祭坛为正方形砖石座平台,高5尺9寸,方广5丈。方坛的东西南北各设白石台阶九级。

明代台面为红色琉璃,清代改为灰色"金砖"铺面,坛四周环以圆形围墙。正门西向,有白石棂星门三座,其余三面各有一座门。西门外有燎炉、瘗池,有白石甬道直达西天门,是"大明之神"出入的道路,称为神路。北门外有神库、神厨、宰牲亭、祭器库、钟楼、具服殿。正门直达西天门,是帝王祭日时出入的道路,称为神路。

当年祭日时,皇帝要更衣,于是建具服殿为皇帝休息更衣之所,正殿左右为配殿。明朝时此处原为奉司衙署所在,具服殿则建在祭台西棂星门外南侧。清乾隆七年(1742),乾隆皇帝认为:"日坛具服殿旧址建于坛南,临祭时必须经过神路始至殿所,似与诚敬之仪未协。"便将具服殿移至祭台西北侧。

神库、神厨坐落在祭台正北侧,为方形院落,门向西,神库三间,是安奉"大明神位"的地方。神厨三间,南向,是放置加工祭祀供品的地方。

祭器库、乐器库、棕荐库是分别放置祭祀时用的祭器、乐器、草席棕垫的库房,各为三间,连檐通脊,均南向。清道光年间失火烧去两间,剩下现在的七间空房,后人称其为"七间殿"。

祭日仪式（摄影：向洪平）

　　宰牲亭是古代帝王祭日时制作供品，宰牲畜的地方，亭中原有漂牲池，现已填平。

　　钟楼原有二层，南向，内有一口大钟。清道光年间曾失火一次，钟楼被烧掉一层，大钟现不存。

　　明隆庆元年，礼部议定东郊朝日以甲丙戊庚壬年皇帝车驾亲祭，其余年由派遣文大臣代理皇帝祭祀，每年春分早五时到七时致祭。又定，日坛祝版用红色，上写粉红色字。玉用红色，绸用红色，乐用七奏，乐章用曦——日色，舞用八佾。皇帝祭服为红色。

　　在清朝，祭日前一日有候时官在太常寺守晚，预备启奏时辰。祀日五鼓时，太常寺堂官一员、赞礼郎二员、候时官二员由东西长安门、天安门、端门、午门、昭德门、中左门、后左门至乾清门启奏时辰，太常寺官员于日出前六刻至时转奏，皇帝穿上祭服乘礼舆出宫至北天门外下车。赞引官、对引官恭敬地引导皇帝入北天门中门，然后转到西棂星门外盥手处洗手，之后从棂星左门升坛至行礼幄次诣拜褥前立。安拜牌官跪着将安拜牌于拜褥上放好。典仪官唱，乐舞生就位，执事官各司其事，祭祀礼仪开始。祭祀礼仪分为：迎神、奠玉帛、初献、亚献、终献、答福胙、撤馔、送神、送燎九个程序。

与祭祀乐章相伴的是祭祀舞蹈，祭祀舞蹈既有

日坛公园祭日壁画（摄影：向洪平）

文舞，又有武舞。为了表示以武功取天下，而以文德治天下之意，故而在祭祀活动中舞蹈一般是先武后文，行初献礼时用武功舞，行亚献、终献礼时用文德舞。舞为八佾，武舞生，文舞生各64人。武舞执干戚，文舞执羽籥，舞于乐悬之次。引舞时用旌节四，以乐舞生4人分司之。祭日初献乐作，司乐执旌节，引武舞生执干戚进，奏《武功之乐》，舞毕乐止，武舞生退。亚献乐作，司乐执旌节，引文舞生执羽籥进，奏《文德之乐》，终献乐作，文舞生奏《文德之乐》，舞毕乐止，文舞生退。

今年正值日坛建园480周年，该园将在春节期间（2月15日农历大年初二、2月16日农历大年初三）举办"日文化节活动"，着重展示中国各民族、世界各国对太阳的崇拜文化，祭日传统，太阳神话。其中包括描述少数民族对太阳崇拜的歌舞表演，歌颂太阳的诗词朗诵，融入太阳文化知识的互动小游戏等，使游客通过观看、参与、互动，对这座480年的坛庙建筑和祭日传统有更深层次的了解。

（本文资料主要引自《东城区志》）

2010年2月8日

胡同叫卖交响曲

魏雪晶

旧京城20世纪50年代以前，居住在胡同里的居民，从清晨到夜晚可以不间断地听到各类小商贩的叫卖和音响声，可以说它恰似一场连续不断的叫卖交响曲。小商贩们像走马灯似的来来往往，给寂静的胡同里带来了活跃与生机，可以说这是老北京当时的商业文化，也是一道亮丽的风景线。

当你还迷恋于晨曦的回笼觉之时，街上已响起了清脆的梆子声，它告诉你卖早点的挑着两个有盖的箩筐为你送来了，白马蹄、红驴蹄、芝麻酱的烧饼、香油炸的焦圈、炸糖饼、蜜麻花等各样早点，他还未退场，"芹菜、萝卜、柿子椒、黄瓜、扁豆、嫩蒜苗！"挑着两个菜筐卖青菜的已经登场了。吱吱拗拗送水的木制独轮车的音响，也由远而近，时隔不久又响起了浑厚大梆子的声音，说明卖香油的到了。有时还夹杂着铜箔的音响，它告诉你卖豆腐的也来了。一会儿"报纸！报纸！"卖报的叫过之后，"张家信！李家拿戳子！"邮递员背着个大背包，一步步地走遍他的邮区。挑担子的剃头师傅手中拿着约40厘米长，形状如同一把大镊子一样叫做"唤头"的音响，"晃、晃"地用一根铁棍划着。他的担子一头是方的，一头是圆的，方的是个凳子，顾客理发时坐着，下面有两层抽屉，用来放理发用具；圆的上面是个铜盆，下边是个火炉，还竖着一根小旗竿，用来挂毛巾和顾客的帽子用的。磨刀的师傅，晃动着一种用绳子串着叫

旧时叫卖的小贩（供图：郭晓钟）

做"惊闺"的多层铁板，晃啷、晃啷地响着，也有的吆唤着"磨剪子吆！抢菜刀！"快吃午饭时"臭豆腐！酱豆腐"、"辣菜！泡菜"和"甜酸豆汁"的叫卖声好像特地为你送来了小菜和开胃的饮料。

午饭过后，一两点钟时清脆的小鼓声把你从梦中惊醒，这是收购衣、物、家具，当时称他们为"打鼓的"来了。不久"有古物首饰来卖！有玉石宝石我买！"这是收购古董、玉器者的叫卖声。接着又响起了拨浪鼓的音响，这是推着手推车的卖布专业户到了，有时他们也吆唤几句"买布来！花洋布！细白布！"在一根棍上同时安放着拨浪鼓和拨浪锣的组合音响，它响起的时候，卖针头、线脑和妇女化妆用的锭粉、胭脂、头油等小百货的车子也到了。"买老花镜！发行的价钱！"推着小推车的卖眼镜者不但卖眼镜，而且还为你修理眼镜，即使是配一只镜腿，他也不会拒绝。"修理雨伞！""修理皮鞋！""修理桌椅！""锔锅！锔缸！""钢种锅换底！"这些吆唤声每月都会听上几次。挑着一副担子，担子是两个柜子，上面有众多的抽屉，前后有两个小锣，走起路来叮叮当当，声音清脆悦耳，这是锯盆、锯碗的又来了。

下午四点以后各样小吃开始登场了，"小枣！切糕！"在吆唤声中推着独轮车来了，切糕用漂白布盖着，你买他一块，当时用刀切下来，蘸上白糖用Y形竹签插好递到你手。清脆的小梆子响过一阵之后，卖米粉蒸糕的用他的小口颈铜制蒸锅，蒸出一块块热气腾腾，形如蛋糕一样松软的米糕来。忽然胡同口传来了铜管拉号的音响，并吹出一曲流行歌曲，曲后儿童们争着买他的糖果。"落花生哎！芝麻酱的味呀！瓢儿颗颗脆啊！个个都很香哦！"卖炒花生的像唱小曲一样的叫卖着，很快就把一口袋花生都卖完了。五点多钟时"熏鱼！酱肉！""羊头肉！""驴肉！卤肉！"的叫卖声陆续地到来，他们都背着个箱子，上面放着个大的马扎，你要买肉时，他用马扎支起肉箱子，打开箱盖任你挑选，箱盖翻过来则是切肉板，卖的大多是猪头肉，猪的心、肝、肺、肠、肚。卖羊头肉的仅是羊头和羊蹄，他们的产品都是统一由一处叫"锅伙"的作坊炖出来的，它有着一种特殊的风味，再加上他们的刀工技艺，切出的肉片如同薄纸，洒上一种叫花椒盐的调料吃到嘴里，回味无穷，恰是下酒的佳肴。过后不久"卤煮啊！炸豆腐！炸丸子开锅！"挑着冒着热气的大砂锅，里面炖的软软的炸豆腐，硬的豆面小炸丸子，回家晚了赶不上吃饭时，买上一大碗，他还为你放上麻酱、韭菜、香菜等作料，就着剩饼、馒头或窝头，也是一顿美好的晚餐。

　　当夜幕降临，短时间寂静之后，更夫胸前挂着个大的木梆子，敲起了定更梆了，冬季有时还吆喝着"风大、干燥！注意防火！"更夫每夜要敲四次梆子，也就是定更、二更、三更和四更，几更就敲几下梆子，实际更夫即是胡同夜间的保安员。夜间10点钟左右时，为了熬夜和打牌人的需要还会出现"硬面饽饽"和"热包子"的叫卖声。

（本文资料主要引自《北京志·民俗·方言卷·民俗志》志稿）
2009年4月19日

崇文门税关的兴衰

运子微

崇文门正式设立税关是在明朝成化年间。历史上的崇文门税关（1485—1930），在明、清两代乃至民国前期全国的税关中，均占有重要的地位。崇文门税关早期设在崇文门外三条西口，1927年11月迁至南兵马司一号。明、清两代流经崇文门东面大通桥下的通惠河与大运河相接，漕运成为当时京城与南方各省客、货运输的主要渠道。因而崇文门也就成了南方各省客商进出北京城的重要关口。

明嘉靖三十二年（1553），北京加筑了外城，崇文门变为内城，这时的崇文门关，已是京师十三门的税收大户。据《大明会典》卷三十五记载，万历六年（1578），崇文门关的年收商税银共19816两；铜钱18877000余文；条税银15996两；船税银4515两。到天启五年（1625）崇文门税关年收税银定额已达89929两，列全国八关之首。明朝后期崇祯年间，苛税更重，各关征税不断加码。而崇文门关收税的征罚手段更是让人胆战心寒，因而落下"鬼门关"的恶名。《北京市志稿·度支志》记载，崇祯十六年（1643），尚书倪元璐上奏京城税关积弊时，说："凡一单所开货物，多至二三千件，数十商之所共也。以一货（失报）而重罚千件已报不漏之税，以一人犯令而遍罚数十家同单无罪之人，奸贪如此，百姓安得不穷，天下安得不乱！"尽管百姓怨声载道，上命严查重办，然而，崇文门税关的种种弊端，仍是禁而不止。

崇文门旧照（供图：郭晓钟）

清朝建立后，国家机关几乎全部承袭了明朝旧制。崇文门税关的管理机制和各项规章，也因而沿袭下来。清代崇文门税关最高职位只用满人，不用汉人。按《北京百科全书·崇文卷》记载，关设正、副监督各1人，由皇帝指派王、公、贝勒、六部满员尚书、侍郎及各旗正、副都统中的2人充任。监督下设有奏派（由皇帝指准）正、副委员各1人，堂委（监督自派）、帮办委员（帮办由专管皇家事务的内务府司员充任）2人，组成"务上"（税关总机关），决定一切大事。到光绪年间，正阳门设立了税务总局，但遇有税务上的重大问题，仍须向"务上"请示。由于崇关的地位特殊，其官员待遇也颇为丰厚。如沈信夫《明清时期崇文门税关述略》记述，《道咸以来朝野杂记》的作者清人崇彝，就曾做过崇关的堂派帮办委员。崇彝在书中记道："余充崇文门税关帮办委员，岁约可得四五千金（四五千两银子）。据云奏派委所入视此不止倍蓰（数倍）。监督岁入亦不过数万金。彼时视此差遂为京官最优者。"正因如此，在这里"当差"的被看作是"京师十大优差"之一。

崇文门税关所收关税名义上解缴户部，实际上有相当数额税银是供皇帝"赏赐"及八旗官员分赃。自民国初年，崇文门税关就直接隶属财政部，虽然失去了清朝时的特宠，但地位仍优于其他地方税关。1912年，崇文门关改称北京商税征收总局，1915年又更名京师税务监督公署，不久又称监督京师税务公署。1919年2月，时任监督京师税务公署监督的刘鹤庆，在考察崇文门关的历史与现状后，以"便商裕课，剔除积弊"为整顿宗旨，向财政部呈递了改革方案。改革的主要内容是：1.明确崇文门税务公署专办行政事务，不直接征税；2.京城地区所有货物完全责成正阳门及十三门分局征收；3.改定权限，分别等级，按照历年收数分为一、二、三等局卡；4.修订"各税局卡办事规则"等规章制度；5.裁撤算税生等不必要的闲置人员。这一改革方案经财政部审批后，于3月6日以大总统令发布。经过改革，崇关的政务、业务成绩虽超过明、清两朝，但在全国范围内，特别是与海关相比，地位已远不及明清时期。1927年，国民政府在南京成立。1928年下半年，各国同国民政府签订了新的关税条约，承认中国拥有关税自主权。

1928年，崇关又改名为北平税务监督公署。是年，财政部下属关务署要求北平税务监督公署归己管辖，但遭到抵制。是年7月，北平税务监督公署向财政部申明自己是特别税收机关，由部直接管辖，与海常关性质绝不相同，因此不能与海常关并为同等权限。1930年10月，财政部电令：永远废止五外常关（指距口岸50里以外）。电令下达后，包括北平税务监督公署在内的全国内地税关，一律同时撤销。从此，存在445年的崇文门税关就此结束。

（本文资料主要引自《北京志·对外经贸卷·海关志》）

2009年5月10日

清末旧京税事

宋志广

旧京是大清国的帝都所在，因此与一般地方不同，当时有隶属于地方府县的和隶属于朝廷的两套税收机构，其分工可谓精细。当时但凡是税务，原则上都隶属于户部掌管。清朝在北京设置了不隶属于直隶总督的独立衙门顺天府，由顺天府管理府内民事。府下设两个京辖县即大兴县和宛平县，分管治理城内一切民事。

顺天府管辖大兴县和宛平县。大兴县管辖东城，宛平县管辖西城。两县的知县为正六品官，其职务权限包括掌握征集租税事务。两县衙门又内设户房，负责征收租税，有关减免租税事项。

清朝时，在北京隶属于朝廷的税收机构，包括崇文门税务衙门、工部税关、左右翼税务衙门。崇文门税务衙门位于崇文门外，是当时的总局，负责征收运入北京货物的落地税。税务衙门另有多个分局，设于京城各处掌管税收。

崇文门税务衙门主要征收运入北京货物的落地税和从价税。落地税为运入北京的货物，不论外国货或中国货，均征收从价的5%，外国人运入外国的布匹从价征5%。从北京运出的货物及运入货物中的日常必需品，如煤炭、大米、木柴、木炭等无税。

仅次于崇文门税务衙门的，是不隶属于户部的工部税关，它在重要的地方自设税关，征收竹木税，并委托户部税关征收竹木税。北京工部税关设于右安门，下设12个分局，另外在内外城分界的崇文门、正阳门、宣武门派人执行税务。当时在北京还设有左右翼税务衙门，负责牲畜税和契税的征收。

清末的北京税关（征税的关卡）、税衙（征税的衙门），税收手续已较为完备。各税关、税衙备有亲填簿、循环簿、稽考簿三种账簿，掌管税关的官员随时统计查阅。税则详细印刻在木榜上，竖立在关口街市，并且印刷税刚发售，使民众知晓税率。商人到税关纳税时，在两张红单上记入税收的相关情况，一份交给商人，一份送户部。

当时的北京地区，除上述的征税外，征收的杂税有契税、牙税、行铺税。契税，可称之为公证土地房屋买卖的手续费或登记税。税率为买卖价格的每一两银，纳税银3分，饭银1分。牙税，就是货物交易经纪人的执照税。

行铺税类似于营业税。按《大清会典》的规定，靠经营当铺和商业赢利的人，交纳行铺税。具体的亦可分为当商税和铺税。当商税，根据清朝户部条例则例记载，民间开设当铺，必须呈报地方官，转布政司，请领帖子，按年纳税。无力经营停业的交回帖子免税。直隶省每年每座当铺税白银5两，实际缴纳每年交白银120两至200两，分四季缴纳。同时，还要向大兴县或宛平县另交白银20两至100两。铺税，根据清朝户部条例则例记载，京师九门以外开设铺面，分等级由大兴县、宛平县征税。上等铺户每户征白银5两，中等2.5两，下等免税。京城九门以内的铺户，按原来的制度，参加泼水垫道的劳动不征税课。内城以外的店铺，分上中下三等。上等每年交营业税白银5两，中等每年白银2.5两，内城每年课以劳役的免交营业税。实际执行的情况是，只有在开店的时候，内城向统领衙门，外城向巡警厅，交纳门面税大约30至40两白银。此虽为税名，实际只是警察方面收的手续费。

（本文资料主要引自《北京志·综合经济管理卷·税务志》）

2010年3月15日

北京地名的雅化与俗化

刘宗永/郭晓钟

一般来讲，北京的地名变化可以分为两类，一类是有理据的，即有新事物或事件作为命名或改名的依据。比如宗人府东西巷，民国年间改为孔德东西巷，是因为此处新设了孔德分校。再如被老舍称为"世界上最美丽的一条街"的文津街，原为明清皇城西安门内重要通道，1931年，国立北平图书馆将承德避暑山庄文津阁保存的《四库全书》收藏进馆，故大街改称文津街（《北京西城区志》）。另一类是无理据的，即因民俗、语言等原因而引起的地名的错误的变化（讹化），这种讹化后的地名我们很难再一眼看出其命名的根据与理由了。这两类地名的变化均与北京的山川地形、民族接触、移民现象、世俗文化、宗教观念、思想观念等有关。

与这两类地名变化相连的是地名的雅化现象。地名的雅化主要有两条途径：一是新地名取雅名。关于取雅名，张燕来在《北京地名的语言学考察》中，通过对比明代和现代地名用词特点认为：现代北京地名注重避俗趋雅，一些具有书面色彩的语词大量出现在地名里。比如，明代地名单音节儿尾词较多，如安儿胡同、观儿胡同、罗儿胡同等；地理专名亦直接与日常生活相关联，如沙锅刘胡同、徽子王胡同、苏萝卜胡同等。与此相反，现代地名儿尾词地名减少；地名使用雅词越来越多，俗词越来越少。

二是把俗名或无分雅俗名改为雅名。其具体方法有三：一是谐音改名。即由具象命名至抽象寓意。其中最主要的是把忌讳字、俗白字、日

文津街街景（摄影：郭晓钟）

常俗用字、含有不敬义的字、无分雅俗之普通字改为典雅文秀的字眼。比如：把忌讳字的棺材胡同、臭水街、苦水井等，改为光彩胡同、秀水街、福绥境；把俗白字的（多是有关动物、人体部位的词）母猪胡同、猪市口、狗尾（音衣）巴胡同、羊尾胡同等，改为梅竹胡同、珠市口、高义伯胡同、杨威胡同；把日常俗用字的（主要是旧行业）驴市胡同、绳匠胡同、劈柴胡同、烧酒胡同、干鱼胡同等，改为礼士胡同、丞相胡同、辟才胡同、韶九胡同、甘雨胡同；把有不敬义字的哑巴胡同、张秃子胡同、罗锅巷、达子营、王寡妇斜街等，改为雅宝胡同、长图治胡同、锣鼓巷、达智营、王广福斜街；把无分雅俗的普通字的豆腐巷、佟府夹道、柏树胡同、小五集等，改为多福巷、同福夹道、百顺胡同、小武基等。因谐音而雅化的地名，著名的如中官村改为中关村。中关村，顾名思义，中枢关键之村。而中官村则表明此村与中官即太监有关系。此村原有大片坟地。关于此村名来历，一说，此村原名中官坟，因该地葬有不少太监，后聚民成村，因忌讳"坟"而改称村，后讹为"中关村"。另一说，清代某中官于此置田庄，故名中官村，后谐音今名（《北京地名志》）。

二是避俗。因避俗而客观上起到了雅化的作用，我们也可以称之为广义的雅化。如豹房胡同（皇宫养豹之所）改为报房胡同，"报房"一词不知何义，但因避免了"豹"字而显得雅化了。再如奶子府（明代为皇子选乳母处，乳母俗称奶子）曾一度改为乃兹府或迺兹府，"乃兹"不成文，但因避免了"奶子"而雅化了。朝阳区崔各庄有奶子房（营），其名不曾避俗改名，可能是因为此处元代为马奶产地，奶子是指马奶子。三是重命名。重新命名的雅化地名不是太多，如改靶儿胡同为文丞相胡同、噶噶胡同改为协作胡同等。

地名的雅化乃大势所趋，但这种现象也使原来地名中所包含的乡土文化气息受到丧失。20世纪著名作家梁实秋、诗人朱湘等都曾对此表示过惋惜。朱湘在《胡同》一文中写道："那富于暗示力的劈柴胡同，被改作辟才胡同了；那有传说背景的烂面胡同，被改作烂漫胡同了；那地方色彩浓厚的蝎子庙，被改作协资庙了。没有一个不是由新奇降为平庸，由优美流为劣下。"

与地名的雅化相反的是地名的俗化。这类现象虽不常见，但也值得注意。如王府井大街东之金鱼胡同，旧名金银胡同（余棨昌《故都变迁记略》），由"金银"到"金鱼"不难看出其中的俗化趋向。再如，明代的宝府巷，清末讹为大豆腐巷。这是因音近（宝府、豆腐）而讹、由雅而俗化的典型例子。更有由雅而俗，再由俗而雅的例子。如洋溢胡同，明时称扬州胡同（雅名），清时音讹为羊肉胡同（俗名），民国时又音变雅化为洋溢胡同（雅名）。单看"洋溢"二字是无所谓雅俗的，但与其变化前之名"羊肉"比就显得典雅了。再如，苏州街，原名万寿街，苏州街是俗称。一街二名，一雅一俗，俗名行而雅名废。该路形成于清代，南起万寿寺，北至畅春园，为帝王后妃赴畅春园、圆明园御道之一。

（本文资料主要引自《北京志·综合卷·地名志》）

2009年6月14日

渔阳与密云

李东明

渔阳——北京地区最早建县

战国时期密云地区属于燕国，地处燕国东北部。从那时起，它便是中原出入东北、内蒙古地区的重要门户，特殊的地理位置，使其成为边防重镇、兵家必争之地。

当时这片土地曾被东胡族（古族名，因居于匈奴以东而得名）占据，公元前283年秦开率军大败东胡，使其退却千余里。为彻底防范东胡进攻，燕国在其东北边境设置上谷、渔阳、右北平、辽西、辽东五郡。渔阳郡的郡址设在了今密云县统军庄村南，此地卡咽喉要路，防守自如，加之位于渔水（今白河）之阳，故将其命名为渔阳。从此，"渔阳古郡"的美名传遍天下。密云县历史之悠久，可见一斑。

秦始皇二十二年（前225）渔阳郡归秦，秦于郡内置渔阳县，县址也设在统军庄的南城子。渔阳县的设立，是密云地区建县的开始，距今已经整整2234年，为北京地区县城建制最早的地区。

密云之名叫了1471年

西汉时期密云地区分属渔阳郡的渔阳、犷平、奚三县所辖。东汉建

立，仍恢复渔阳县、犷平县、奚县原名。

据《密云县志》记载，东魏元象元年（538）杜洛周起义军攻陷安州等处，安州及其所属的密云郡、安乐郡、广阳郡和三郡所辖的密云、要阳、白檀、安市、土垠、燕乐、方城、广兴（大兴）全部南迁并寄治于渔阳县境内。从这年起，始有密云县之称，距今已有1471年。

密云县原址在今河北省丰宁县大阁镇东北的南关村一带，这次始迁至今县城址。因原址东南方向有一座高山，常年云雾缭绕，因而名为密云山（今丰宁县的云雾山），密云县名就是来自这座山名。由此也可见，密云县在现城址上已经历千载。

隋唐时期密云称檀州，明改檀州为密云县，后沿用至今，密云县堪称脉系绵长。自古便有两镶嵌密云地名的名联颇为有名，其一曰：密云不雨旱三河虽玉田亦难丰润；怀柔有道皆遵化知顺义便是良乡。其二曰：密云布雨，引三河，灌玉田，万年丰润；平谷移山，填静海，建乐亭，百世兴隆。两联皆以密云为首，足见密云之著名。

京师锁钥长城绵延

密云县地处京师东北，是华北至东北、内蒙古的重要门户，故有"京师锁钥"之称，自古为兵家必争之地，地理位置异常重要。其中，尤以境内长城著称。

密云县最早的长城为北齐长城，它始建于北齐天保年间（550—

密云水库全貌（供图：李东明）

559），经过密云县古北口境内，现在虽只剩遗迹，但无疑是历史的见证，充分说明早在北齐年间，密云地区就已经成为边防重镇而受到了统治者的重视。

明代，在以往长城的基础上修筑了万里长城，由于密云地区地位的重要，因此，境内的长城绵延300公里，为北京地区长城最长的区县。

密云境内的明长城，沿县境东、北、西三面盘旋起伏，穿越县境大小54个村庄。在绵延起伏的密云长城段中，耸立着61个关口、666座敌楼和烽火台，构成了一道坚固的军事屏障。其中重要的关口就有熊儿河口、墙子路、黄岩口、曹家路、古北口、白马关、鹿皮关等，它们都是一夫当关、万夫莫开的险要地形，这更增添了密云境内长城的险峻程度。

时过境迁，现在，明长城虽已经失去了防御作用，但它仍风姿绰约，点缀着密云大地，印证着密云深厚的历史文化底蕴。

（本文资料主要引自《密云县志》）

2009年9月13日

百年常营话今昔

宛兴伟 / 刘宗永

去年底，国家主席胡锦涛在北京考察民生工作时，曾到朝阳区管庄路保障性住房常营项目丽景园小区考察。各大媒体跟踪报道，北京市最大保障性住房和两限房小区的所在地——常营地区也随之受到众人瞩目。2007年底，常营保障性住房和两限房小区建设开工，2010年下半年，富力阳光美园、丽景园、住欣家园、畅心园、保利嘉园、北辰福第等小区陆续建成入住。那么，常营的历史情况如何？为何会选择这里作为新建的城区呢？

常营历史悠久，历史上长期隶属于通州。明初，回族大将常遇春北攻元大都曾在乡域内屯兵扎营，成村后名常营，为回族聚居地。明杨行中编纂的《嘉靖通州志略·官纪志》记载了常遇春在通州的两次军事活动。一是洪武元年（1368），常遇春作为大将军徐达的副将北伐，攻下通州。二是洪武二年（1369），常遇春进军山西，此时元将也速残兵再次侵袭通州，通州告急，常遇春奉命率兵驰援通州，击败也速，通州转危为安。据《康熙通州志》，徐达、常遇春等筑台驻军于通州，距城三十里为营。今天常营距京城朝阳门、东直门大约是二十五里。可见，常营村名得自常遇春屯兵扎营为可信。常营有清真寺，始建于明正德年间，清嘉庆年间重修，是京城近郊规模最大的一处清真寺，目前仍是穆斯林群众礼拜的场所。

常营交通位置历来重要。据《北京市朝阳区志》记载，新中国成立前，常营人民的生活极不稳定，民谣："常营回民三宗宝：推小车，卖干草，拉洋车的也不少。"这里的"拉洋车"说的就是常营南临管庄、西南临三间房、东临东十里堡、草房的便利交通。如今，管庄路（又名东苇路）和朝阳北路分别贯穿常营地区的西部和中部，规划中的地铁六号线横贯地区中部，其交通位置的重要性更加显著。

常营小学后更名为北京市民族学校（供图：郭晓钟）

1929年常营由村改乡。20世纪90年代，常营回族乡辖常营、十里堡、草房、五里桥等村，乡政府驻常营村。全乡有耕地7658亩，环境保护林地411亩，人口9452人，其中回族5423人，满族145人，回族占全乡人口的57%（《北京市朝阳区地名志》1993年）。此时，常营中心沟（乡主浇灌渠）自西向东横贯乡域中部，常营村北有小常水库，一派"鸡鸣桑树颠"、"稻花香里说丰年"的乡村景象。

进入21世纪，常营地区的城市化建设日新月异。一是农村平房改建成楼房，农民原地上楼，变为城市居民。2001年，启动旧村拆迁和安置，常营8个回民村（居）安置于常营民族家园小区内，五里桥、十里堡和草房村3个汉民村安置于连心园小区。2008年，常营地区全面实行城市社区管理体制，常营民族家园、连心园、鑫兆佳园、万象新天、苹果派、荟万鸿等社区建成。二是人口的激增。据2009年《北京朝阳年鉴》，2008年，常营地区总人口约5.2万人，其中常住人口约3.7万人（含本区户籍人口1.49万人，其中回族约占50.5%），流动人口1.5万人。此时的常营，已俨然一座高楼大厦云集、宽广马路四通八达的新城了。

(本文资料主要引自《朝阳区志》)

2011年4月19日

京畿上古第一城

李东明

大约在距今4000多年前，密云地区开始进入原始部落联盟时期，即传说中的黄帝、尧、舜、禹时期。在不老屯镇燕落村南，就有此时的一处重要遗址——共工城遗址。

在现实中，共工也确有其人，曾被尧派去治水，后与欢兜、三苗、鲧并称为"四罪"，被舜流放于幽陵，居"共工城"。《史记·五帝本纪》记载："舜请流共工于幽陵"。而《括地志辑校》云："故共城在檀州燕乐（不老屯镇燕落村）县界"。这就充分说明，幽陵其实是密云县最早的名字，而共工城也就成为了密云历史上最早的古城，距今约4100多年。据《元和姓纂》及《姓氏考》称，共工后有"龚"、"洪"二氏，为共工氏后代，因避难而改姓。"共"字加龙为"龚"，加水为"洪"，可见龚、洪二姓的根在密云。

据《韩非子·十过篇》记载：尧在位时，其地南至交趾，北至幽陵。所以，被流放于幽陵居于共工城的共工所在之地，自然已是当时统治辖区的最北端了，俨然已是当时人们心目中世界的尽头了。

据当地人讲，在燕落村南八华里处的密云水库淹没区原有一金沟村。村东南石桥外百步许，有一座方形土城，村民沿袭称之为"土城子"。该城四边各长约五六百米，高约十余米，系黄土堆积而成，未见砖瓦。城南有百余亩沼泽地，古称"莲花池"；西是一条聚溪而成的小河，南流入潮

河（古称鲍丘水）；城南的沼泽和城西的河漕，显然是远古先民挖土堆城的遗址。在平坦的土城子上面，辟有四五十亩耕地，历代种植庄稼。近代，曾有曹姓之家在城顶建茅屋居耕至修建密云水库移民时。

20世纪80年代的密云县城一角（供图：郭晓钟）

金沟村南正东是奔流的潮河，《顺天府志》载，被流放于共工城的共工因为心情郁闷，经常到鲍丘水边垂钓，并建有钓于鱼之高台，因而这里的村庄就叫做"钓鱼台"。

许多人认为"幽陵"不过是一个传说中的地名，舜流共工也不过是传说中的事情，但从不老屯境内的"共工城"遗址来看，这种说法显然是站不住脚的。不光在众多史书中记载了"幽陵"、"共工城"的存在，如《大明一统志》、清光绪《顺天府志》等。而且，燕落村众多村民都亲眼看到过今已没于密云水库之下的古城遗址。那是在1972年大旱时，密云水库水位下降，水落城出，共工城又得以重视，遗憾的是，那时节，县里还没有文物考查机构和专职史志工作者，因而错过了考查的机会。

共工城堪称北京历史上的第一座古城，比房山区拒马河畔距今3700多年的古城还早400多年，它的历史比北京历史最为悠久的潭柘寺也要早得多。所以，广为流传的"先有潭柘寺，后有北京城"便可改为"先有共工城，后有北京城"了！

（本文资料主要引自《密云县志》）

2009年8月30日

京郊觅兽

郭晓钟

北京的西部和北部山区属于燕山和西山山脉，山峦起伏，草木葱郁，随着十几年的封山育林，特别是打造西部生态涵养区的规划建设，原来的山路已经难觅痕迹，人工林已经与天然林形成浩瀚的林海，山鸡、野兔随时可以看到，野猪、黄羊，甚至更加凶悍的野兽已经重现。

其实，北京地区在历史上，曾经是森林繁茂的地区。湖泊遍布，泉水清冽，长满水草的沼泽随处可见，因之野生动物资源相当丰富。据考古资料记述，代表原始社会历史时期的周口店地区，发掘出来的哺乳类骨化

隼（摄影：郭晓钟）

豹子（摄影：郭晓钟）

石多达37种。其中主要的古生动物有韩氏刺猬、变种狼、豺狗、剑齿虎、豹、硕猕猴等都有化石出土。以后的历史文献专门有对野生动物的记载，特别是历史上留存的北京地区的府志、州志、县志设有专类的野生动物卷目。据《析津志（辑佚）》提供的资料，元代北京地区野生动物有狮、象、豹、彪、虎、安塔海、黄羊、骆驼、羚羊、獐、麂、麋、鹿、兔、野豕、獾、狼、豺，还有九节狐、黑狸、青狸、花狸、麝、银鼠、青鼠、青貂鼠等。

明代《蓟丘集》记载，北京的北山"兽有虎、豹、奇狸、狼、野干、白驳、豪猪、兔、狍"，"昌平的锥石口还经常有虎的活动"，"怀柔的黄花镇至银山的路旁还有设置的捕虎木栅"。弘治九年（1496）八月，"有黑熊自都城莲池缘城上西直门，官军逐下，不能获，嗷死一人，伤一人"。

新中国成立以后，在北京地区分布的陆生野生动物种类中，列为国家一级重点保护的野生动物有：金钱豹、黑鹳、大鸨、金雕、褐马鸡、麋鹿、白鹳、白头鹤、白肩雕、白尾海雕共10种；列为国家二级重点保护的野生动物有：斑羚、豺、灰鹤、白枕鹤、大天鹅、赤颈、鸳鸯、勺鸡、鹗、苍鹰、秃鹫、松雀鹰、猎隼、红隼、燕隼、红角、雕等55种。

对北京地区动物的调查基础上新编地方志明确记载，在20世纪70年代，北京地区的野兽还有豹、斑羚、豺、狼等：

豹（金钱豹、银钱豹、老豹子），食肉目，猫科，豹属。为大型猫科动物之一，形似虎，小于虎。体被橙黄色毛，背部及体侧布以黑色斑点及圆形黑圈，似铜钱，故名金钱豹。北京的门头沟、延庆、怀柔、密云、平谷、房山大部分山区均曾发现其踪迹。由于生态环境的破坏，人类活动的影响，现数量大大减少。1995年本市野外数量估计约有10—20只。

斑羚（青羊、山羊），偶蹄目，牛科，斑羚属。斑羚体形与山羊相似，不同的是下颌无胡须。雌雄均有角，角形精巧，短而细，尖端锐利，向后略微弯曲，双角距离较近，基部有8—9个明显的环记。耳短而直立，内侧成白色。颈长，喉部有一大白色斑块。体毛灰褐色，背中央具黑色长鬃毛。四肢较短，前后肢均具灰黑色窄形偶蹄。尾短，被黑色长毛。斑羚多栖息于裸岩和山地林区，常单独活动，善于在裸岩上攀跃。食物主要是青草，也食灌木的嫩叶以及野果。北京地区见于门头沟、密云、怀柔、昌平、平谷、延庆等区县。

松鼠（摄影：郭晓钟）　　　　　　　　蜥蜴（摄影：郭晓钟）

　　豺（红狼、豺狗），食肉目，犬科，豺属。豺体形似狼，但比狼小，略大于狐。通体毛色棕红，背部毛尖黑色，腹部棕色或淡棕色。头部吻比狼短，额部没狼高，耳短圆。四肢外侧颜色与背部相同，内侧颜色较淡。尾长且蓬松。豺生活于山区森林及丘陵地带，为夜行性动物。豺为肉食性动物，以狍、山羊、草兔等食草动物为食，有时也靠群体力量攻击豹等大型食肉动物。北京密云、延庆、门头沟等地有分布。

　　狼（灰狼、青狼），食肉目，犬科，犬属。狼是体形最大的犬科动物，形态与狗相似。狼栖息地广阔，包括山地、疏林、草原、荒漠等环境。夏季成对或以小家庭方式活动，冬季结成20只—30只或更大的群体生活。狼耐力强，群体可围攻大型的猎物。主要以小型动物为食，如鱼、蜥蜴、松鼠、草兔，也喜欢吃尸体和腐肉，偶尔也以植物为食。北京门头沟、密云、延庆、昌平等地均有狼的活动。

　　随着北京地区城市化的快速发展，很长一段时间这些动物的踪迹越来越少了，而最近门头沟、密云、延庆、怀柔山区常常有这些野兽出没的报告，成群的野猪开始频繁地光顾农家的玉米地，家畜受到动物的侵袭，不久前还发现了一只孤狼的造访，看来随着西部生态涵养区的建设，我们会看到更多的野生动物，北京的西部、北部山区也是它们的乐园。

（本文资料主要引自《门头沟区志》）

2009年5月17日

京师同文馆

赵振江／韩凤祥

1861年1月，清朝咸丰皇帝批准设立总理衙门，派恭亲王奕䜣等管理衙门事务。同年3月，总理各国事务衙门在东堂子胡同成立。总理衙门下设立"同文馆"，设在总理署衙院内东部，称东所。

京师同文馆是清末年间开办的第一所官办外语专门学校。最初以培养外语翻译、洋务人才为目的，直属总理事务衙门。同文馆以外国人为教习，专门培养外文译员。起初课程只设英文，后来陆续增设法文、德文、俄文、日文。到同治六年（1867）又添设算学馆，教授天文、算学。同文馆还附设印书处、翻译处，曾先后编译、出版自然科学及国际法、经济学书籍二十余种。此外还设有化学实验室、博物馆、天文台等。1902年1月（光绪二十七年十二月），并入京师大学堂，改名京师译学馆，并于次年开学，仍为外国语言文字专门学校。

清朝政府一向以天朝大国自居，自鸦片战争后，清政府屡次与帝国主义列强交涉，深感语言不通、文字隔阂，也是受欺蒙遭失败的原因之一。左宗棠、曾国藩、李鸿章、张之洞等坚持学习西方，开始兴办"洋务"和"西学"。清王朝为巩固统治政权，听从"洋务运动"代表人物们的主张，在教育上采取的主要措施就是举办学习"西文"和"西艺"的近代学校。

清政府举办京师同文馆的目的，是培养满族翻译人才，以便在与外

京师同文馆（供图：韩凤祥）

国人办外交时"不受人欺蒙"。当时帝国主义强加给中国的外交条款规定：中外交涉条约均用英文书写，只在三年内可附用中文。并规定：自今以后，遇有文词辩论之处，总以英文为正义。因此，开办京师同文馆有着极强的"急用现学"目的。

开始时京师同文馆只设英语，后来逐渐增加了俄、日、法、德等语言。4年后，京师同文馆开办科学馆，学习科目增加了算学、天文、化学、物理、万国公法、医学、生理学等，基本不学"四书五经"之类的传统科目。学生修业年限为8年，计第一年认字、写字，讲解浅书；第二年练习句法，翻译条子；第三年讲读各国地理及史略，翻译选编；第四年讲求数理启蒙及代数学，翻译公文；第五年讲求格物、几何原本、平三角、弧三角、练习译书；第六年讲求机器、微分积分、航海测算，练习译书；第七年讲求化学、天文、验算、万国公法，练习译书；第八年讲求天文、测算、地理、金石、富国策，练习译书。由此看出同文馆最初几年偏重外语，后几年增加其他学科的学习。学生每月有月考，三个月有季考，年末有岁考，每三年举行一次大考。考试优等的保升官阶，次等的留馆继续学习，劣等的开除出馆。由于考试严格，学生淘汰率很高。京师同文馆的学生开始时只有学生10人，均为十三四岁的八旗子弟，后来逐渐增加到120人左右。学生入学资格要求颇高，须是有科名，如举人、贡生或由此出身的五品以下年龄30岁以下京外官员才能入学。学生不但公费，膳食、书籍、笔墨纸张等均由馆内供给，每月还发给薪水银10两，考试优等者另有奖赏。到后来学生的年龄限制也有所放宽，有的学生已是抱上孙子的爷爷了。

  京师同文馆的开办，在京城保守的士大夫中产生了极大的震动。京城一时间谣言四起，前门大街当时贴出了这样的对联："诡计本多端，使小朝廷设同文之馆；军机无远略，诱佳弟子拜异类为师。""未同而言，斯文将丧。""孔门弟子，鬼谷先生。"还有以俚语笑骂同文馆是"胡胡闹闹，叫人都从了天主教"。至于大臣上奏反对设同文馆者更是不可胜数，以至于朝廷选派校长竟没人愿去。

  京师同文馆是中国教育近代化起步的标志。紧随其后，外国传教士在广州、福建、上海等沿海地区纷纷开始设立学校，成为中国近代教育的示范。1902年近代学制颁布后，京师同文馆并入了京师大学堂，即北京大学的前身。"有希望革新这古老的帝国的是新教育，新教育的肇端是同文馆。"这是北京第一所近代学校——京师同文馆总教习、美国长老会教士丁韪良对同文馆的总结。

（本文资料主要引自《北京志·对外经贸卷·海关志》）

2009年5月24日

沙滩红楼

张宁

这座被称作"红楼"的建筑,在中国近现代史上地位赫然,因为中国的命运和走向与她息息相关。

伫立于东城区沙滩五四大街29号门前,目光越过灰色围墙,就牢牢地被这座砖红色的建筑所定格。楼身斑驳的色彩仿佛具有一种魔力,让人透过近百年岁月的痕迹感受到曾经如火如荼的梦想与激情。

1917年,蔡元培初掌北大后,奉行"对于各家学说,依各国大学通例,循思想自由原则,兼容并包"(蔡元培《我在教育界的经验》)的思想,着手改造封建保守的旧北大。他聘请陈独秀为文科学长,李大钊为北大图书馆主任,胡适、鲁迅等到北大任教。位于沙滩的北大红楼始建于1916年,1918年竣工。当时的校长办公室、文科学长办公室、各系教授会、教务会、总务处设在红楼二层,蔡元培、陈独秀、胡适等在这里办公。蔡元培倡导的学生团体如"新潮社"、"国民杂志社"、"北大哲学研究会"、"北大新闻研究会"等设在一层,地下室为印刷厂,许多进步报刊在红楼印刷、出版。红楼由此成为倡导"民主"、"科学"的新文化运动的策源地。

1919年5月4日,为了阻止北洋政府在《巴黎和约》上签字,北京学界举行游行示威活动,北大学生傅斯年任总指挥。浩浩荡荡的游行队伍从红楼北边的广场出发,冲向天安门广场,从此揭开了中国历史新的一页。红楼也成为反帝、反封建的五四爱国运动的发源地。此后,从"一二·九"运动一直到解放战争时期的历次学生运动都与红楼有关，有七十多位革命先烈曾在红楼受到革命的洗礼。

红楼也是最早传播马克思主义的革命圣地和中国共产党的重要发祥地。作为中国最早接受和传播马克思主义观点的人，李大钊将红楼一层的图书馆办成了宣传马克思主义的阵地。据《北京志·图书馆志》记载，"'少年中国学会'、'马客士（即马克思）主义研究会'、'北京大学社会主义研究会'等团体和毛泽东、邓中夏、恽代英、张太雷、赵世炎、张闻天、罗章龙、张国焘以及天津觉悟社成员经常在这里活动。"1920年3月，李大钊在他的办公室和共产国际代表维经斯基讨论创建中国共产党的问题。"1920年10月，李大钊、张申府、张国焘3人在李大钊办公室正式成立了北京共产主义早期组织'共产党小组'。"（《北京志·工人组织志》）

沙滩红楼（供图：郭晓钟）

作为在中国近现代史上占有独特地位的重要历史建筑，北大红楼于1961年3月被列为第一批全国重点文物保护单位，2002年还在此开辟新文化运动纪念馆。然而，沙滩红楼等老北大旧址，需要社会各界给予更进一步的保护，以及更多关注的目光。

今天，北大红楼静静地矗立在喧嚣的街市和大杂院之间，等待着人们重新走近并体味她厚重、辉煌的历史。

（本文资料主要引自《北京志·建筑卷·建筑志》）

2011年3月1日

皇城根有个电话局

白捷 / 治辉

北京有个"皇城根遗址公园",大多数北京人都知道。它把古老的紫禁城和现代化的王府井有机地联系起来,成为一条"历史文化长廊"。可北京还有个"皇城根电话局",却鲜为人知,它就坐落在皇城根公园的北部尽头,城

A29步进制自动电话交换机(摄影:刘海波)

砖裸露的明城墙东面,绿树掩映下,有一座伞形楼顶的灰色小楼,这个伞形小楼组成的院落,就是"皇城根电话局"。它见证了半个多世纪以来,北京电信业发展的风雨历程。

据《北平指南"北京电话局局址"》记载:1925年5月17日,当时的北京电话局购买了东皇城根的一块土地,准备在此建立电话局。但由于多种原因,直到1939年6月才开始动工兴建。1940年7月21日,一座带有明显日式风格的伞顶灰色小楼在东皇城根耸立起来。小楼仅有两层,不算伞顶,高约10米,面积约1900平方米。当时的二楼机房没有隔断,仅

电话北局旧址（供图：刘海波）

有几根柱子支撑，3500门日本1939年生产的A29步进制自动电话交换机就安装在这里。该电话局被命名为"北局"，因局号为4，也叫"4局"。

日本投降后，"北局"被国民政府接收，但由于时局动荡和经济萧条，电话的发展十分缓慢。新中国成立后，北京电信建设加快发展，北局的交换机容量增加到7000门。1982年1月，北京市的电话局统一由局号代称改用地名命名，北局（4局）被更名为"东黄城根电话分局"。随着改革开放和国民经济的发展，人民生活对通信的需求日益增长，原有的7000门容量以及落后的通信技术已无法满足百姓的需求，为此，在1994年，电话局决定停用老式的步进制交换机，安装先进的程控数字电话交换机，并扩大容量。这样一来，原有的灰色小楼将不堪重负，必须建造新的楼房安装设备。同年，电话局投资对东黄城根电话分局进行了改扩建，并新建了营业厅和一栋四层的设备楼。

在东黄城根电话分局改扩建的时候，还发生了一件有趣的故事。建设初期，工程进展十分顺利，建新楼，开通道，但在拆除部分旧楼体时，着实让施工人员犯了难，这奇特的伞形屋顶会不会因为拆掉部分承重墙而垮塌呢？于是，他们请来了专家。专家考察鉴定后，可谓是一语惊人：

"随便拆吧，就算把墙都拆光了，楼顶也不会塌下来。"这听上去好像有点儿夸张，但无法否认这楼体的结实与设计的巧妙。随后的施工顺利进行，再也没有出现意外。

1994年7月21日的夜，似乎与往日一样平静，但不一样的是当人们一觉醒来，家里的电话已从老旧的步进制变成了现代的程控制，在大大提高通话质量和接通速度的同时，还可以享受诸如来电显示、三方通话等新的附加业务服务。步进制电话交换机那清脆的"哒哒"声在灰色小楼回响了54年后停止了，这是北京城区最后一个停用步进制电话交换机的局所，以此为标志，北京城区全部实现了电话程控化。

1997年，北京市电话局在这座小楼中又重新恢复了步进制交换机机房，并作为北京通信电信博物馆收藏品的一部分。经过精心整理和保养，现在这些步进制交换机仍然可以加电运行，被称为通信史上的"活化石"。为尊重历史，在2006年，"东黄城根电话分局"被更名为"皇城根电话局"。（2011年6月，北京市人民政府将该电话局旧址列为市级文物保护单位——编者注）

如今的皇城根电话局已今非昔比，服务范围超过11万平方公里，东起东二环，西至北海后海、德胜门桥，北以德胜门桥、雍和宫桥、小街桥沿线为界，南到五四大街、北海公园南门沿线。总装机容量达15万门，拥有固定用户13万户，宽带用户47000多户……70年沧桑岁月，皇城根电话局见证了京城的电话发展史，它时时刻刻伴随着百姓的生活，家居皇城根附近的人们，您听到它脉搏强劲的跳动声了吗？

（本文资料主要引自《北京志·市政卷·电信志》）

2010年11月22日

香山电话专用局

赵其辉

北平解放之初，在香山慈幼院理化馆旧址建立了"香山电话专用局"，并于1949年3月23日开通。这是为了中共中央五位书记毛泽东、刘少奇、朱德、周恩来、任弼时进驻香山而作的准备，3月26日，"香山电话专用局"投入使用，并在其后准确无误、快捷高效地完成了"渡江战役"、"上海战役"的通信保障任务。"向全国进军的命令"以及那首脍炙人口、气势恢宏的"钟山风雨起苍黄，百万雄师过大江"的《七律·人民解放军占领南京》也是在这里向全国发布的。

从1949年3月下旬至7月中旬的一百多个日日夜夜，"香山电话专用局"的通信战士们用他们的心血和忠诚保证了中共中央、解放军总部的指示、命令畅通准确，出色地完成了为党中央通信服务的光荣任务，其间的时时刻刻值得人们永久的珍藏！

1949年1月31日，北平和平解放。3月初，中共中央决定将中央机关从河北省平山县西柏坡迁往香山，为保证中央通信的需要，北平军管会物资接管委员会电信接管部部长王铮指示：务必于3月23日前建立通信专用局。"香山电话专用局"因此而得名。从3月初中央机关决定迁址，到3月23日建成专用局，时间非常紧迫。北平电信局选派的一批机、线、话务人员配合军委三局电话队组成了装机建设队伍，不分白天黑夜，仅用13天，便安装了西门子自动交换机150门、人工台1部，在香山、八大处、

香山电话专用局大门旧址
（摄影：郭晓钟）

香山电话专用局旧址
（摄影：郭晓钟）

玉泉山和青龙桥一带架设了中继线和临时专线，安装了小交换机，还扩充了部分郊区线路，并架通了到市内电话五局的中继线，圆满完成了中央交给的建局任务。

1949年3月25日，中共中央、中国人民解放军总部抵达北平。午后，毛泽东主席、中央领导及中央机关进驻香山。中央军委副主席周恩来同志随后视察了香山电话专用局，并对使用自动电话提出了意见，认为自动拨号电话不适于中央首长直接使用，应改为人工电话。根据周副主席的指示，中央办公厅叶子龙、汪东兴同志要求电信部门立即想办法，并限定一天时间必须改完。3月26日，有关同志带领机务人员进入北平城，从原国民党军联勤总部拉回了一台磁石交换机和若干部单机，马上组织机务、线务人员重新装机配线，仅用一天多时间，便及时地为中央领导装上了人工电话，周恩来副主席对此表示满意。至此，香山电话专用局建成并投入使用。

2007年3月23日，是香山电话专用局成立58周年纪念日。当天，北京网通、延安儿女联谊会在香山慈幼院理化馆旧址联合举行了香山电话专用局纪念碑揭幕仪式，纪念碑坐落在院落中央，洁白的碑石上镌刻着18个红色大字：为党中央通信服务的香山电话专用局旧址。

（本文资料主要引自《北京志·市政卷·电信志》）

2010年12月27日

北京南郊观象台

曹冀鲁

"今儿温度多少度呀?""有没有下雨啊?"咱京城老百姓对天气预报和气象数据可关心着呢。每天变化着的各种气象观测资料:温度、湿度、气压、风向风速、雨雪、天气现象等,都是由气象员在当地的气象台站观测记录得到的。南郊观象台这个名称市民通过报刊、电台、电视台播报的天气实况都很熟悉,它是北京地区气象观测站中唯一一个参加全球常规气象资料交换的台站,故一般用观象台的观测资料来代表北京的气象资料和天气状况,它在全国气象站网系列和天气图上的台站代码为"54511"。

观象台坐落在南郊旧宫东侧的五环路边,一座不高的二层白色小楼,前面是宽阔的气象观测场,绿茵草地中架设着一台台测云仪、测风杆、百叶箱、太阳辐射计、沙尘观测仪和自动气象站等各种各样气象监测仪器。它每天都在见证着京城的阴晴风雨,在气象员忙碌的工作身影背后,每一天京城的气象记录在延续着。

北京的气象观测史源远流长。在古代中国几千年的农耕文明中,气象和天文是不分家的,每个封建王朝都有皇家观测机构,设在京城为帝王服务。元代有司天台、明朝迁都北京后,正统七年(1442)修建了观星台,清代沿袭明制,观星台改称观象台(今古观象台),隶属于钦天监,承担"观天候气"和"敬授民时"等工作。天文气象人员日夜在台上观测日、

1913年建立的中央观象台遗址（供图：郭晓钟）

月、星、风、云、气和雷电等天文气象自然现象数百年，留下了大量珍贵的记录。气象仪器还没有发明前，观测员是用肉眼进行观测的，清代的阴晴和雨雪、风雹等记录被收录在《晴雨录》中。在故宫西侧的国家第一档案馆内就收藏有大量的清代《晴雨录》资料，至今仍被国内外各界研究气候所应用。

明末清初期间西方传教士把温度表、湿度表、气压表等近代气象观测仪器传入中国，我国的气象仪器观测和记录又以都城北京最久远。在北京气象记录中，气象史志工作者发现乾隆年间北京就有了法国传教士个人所做的气温观测数据记录。鸦片战争后，1841年沙皇俄国在东直门附近的俄国教会（今俄罗斯大使馆）设立气象台，并将观测资料上报给俄国政府和俄国科学院。辛亥革命后，1912年民国政府接管了清王朝的观象台，在该地设立中央观象台，下设有天文、气象、历法、磁力地震4个科，至此中国有了自己的气象科技仪器观测资料。1929年古观象台改为国立天文陈列馆和北平测候所，天文、气象分家，气象观测工作延续到1937年"七七事变"抗战爆发，日寇侵占北京，观测被迫中断。1940年日伪在西郊的动物园设立了气象台，进行气象观测，抗战胜利后被国民党政府接管，该台各项气象业务工作继续进行。

（本文资料主要引自《北京志·地质矿产·水利·气象卷·气象志》

2011年8月16日

乾隆年间的极端高温天气

曹冀鲁

今年7月间北京遭遇了两段高温天气过程，7月5日南郊观象台观测的最高气温曾达到了40.6℃，下旬虽然气温稍低，也在35℃上下摆动。由于空气湿度大，昼夜温差小，在伏天里人们普遍感觉闷热难受，被新闻媒体戏称为"桑拿天气"。在北京历史上夏季出现高温天气并不少见，但出现一周以上甚至更长的持续高温，中暑患病人数会直线上升，也给人们的生产生活带来非常严重的影响。

据《北京气象志》载，乾隆年间北京也出现过极端高温的天气。乾隆八年（1743），法国传教士在北京首建测候所，进行气象观测，这位当时住在北京的法国传教士哥比起了中文名字叫宋君荣。那一年的春夏季节华北地区干旱加上酷热难耐，特别是在7月13日到25日之间，出现了异常的高温酷热天气。哥比住在京城碰到了这次天气过程，他在其教堂住所对当时的高温天气进行了温度观测并做了记录。

当年哥比在写给巴黎科学院同事的信中这样描述这些天的高温天气："老北京人从未遇到像1743年7月间这样热的天气。7月13日这天热得难以忍受，贫民和其他一些人，主要是胖人中暑或热死，死者躺在街道或屋内，许多人在向上天祈祷和忏悔。为此皇帝和大臣们专门开会研究采取措施，以解除人们的痛苦。另在每条主要街道和城门洞，也都在发放降

戏水的儿童（摄影：郭晓钟）

暑药品及冰块。"在这段酷热天气阶段里，哥比使用一种早期的老式酒精溶液温度表进行气温观测，每天观测的记录经过换算都在40°C上下，直到7月25日晚间后至26日，刮起东北风并下了雨，高温天气才解除。

　　读者或许要问：老外的观测数据可信吗？其可信程度如何呢？与此相对照，当时华北地区几乎所有州县的地方志书史料，也都留下了这段极端高温天气情况和伤暑死人的文字记载。例如《顺天府志》记：乾隆八年五月（农历）大热，人多喝死。位于北京西北的怀来县虽然比京城要凉快些，但县志也记载当年：夏暑热，有喝死者。东南方的《天津县志》载：五月大旱，苦热土石皆焦，人多热死，自春不雨至于夏。《保定府志》有：天气亢旱，自五月二十四日至六月初五日（即阳历7月14日到25日，时间记载也与哥比观测的大热日期相符合），人多喝死。史料中以河北省《高邑县志》记载的暑热最为惊人：五月二十八日至六月初五薰热难当，墙壁重阴亦炎如火灼，日中铅锡销化，人多喝死，初六日（7月26日）未时得雨，暑气始消。可想而知这段天气是多么的酷热难熬呀！对照我国史料看，哥比的观测和记述是十分可信的。

　　此后哥比在京城继续做气象观测，到1746年3月已留下了大约250组温度数据记录，这批起因于极端高温天气的观测资料也成为目前北京乃至中国所发现的最早的气象仪器数据观测资料。

（本文资料主要引自《北京志·地质矿产·水利·气象卷·气象志》）

2010年8月30日

南怀仁在京造汽车

高文瑞

历数动力能源：人、畜、蒸汽、汽油，以及之后的太阳能、氢、核……哪一步都是人类扩大张力的结果。譬如马，从桀骜不驯到老骥伏枥，人类付出了多么漫长的驯化过程，才使足步远出。而蒸汽的使用，无疑是动力能源一次革命，动物从巨大的劳动负荷中解脱出来。英国人瓦特发明了蒸汽机，自1765年始，人类进入"蒸汽机时代"，心智也就更高、更远。

然而人们有所不知，第一辆蒸汽汽车是在中国制造的，更确切地说，是在北京制造的。1672年，一位比利时籍传教士，此人名叫南怀仁，在北京制造出了蒸汽动力的机械装置及第一辆四轮蒸汽汽车。当此之时，瓦特还没出生，比他制成的复式蒸汽机早了115年，比西明顿将蒸汽机应用于轮船早123年，比司蒂芬孙用于火车早150年，比布尔用于汽车早200年。

发明在当时并没什么反响，以致沉寂多年。近几十年来，却越来越引起人们的重视和热议。国外一位专门研究机动车历史的学者谢尔，在《北京的先驱》一文中写道：第一部文献记载的自动机器，300年前就在北京制造和行驶了。他认为，这辆车的存在有文献切实记载，可以根据这一文献复制。还有人认为，这一成果在世界蒸汽机史上是具有历史意义的创举。

南怀仁汽车模型（摄影：高文瑞）

　　南怀仁是何许人也，为什么能在中国试制汽车？此人生于1623，是耶稣会传教士，于1658年抵达澳门，此时正是清顺治十五年（1658）。次年被派往陕西传教，也就有了中国的名字，字敦伯，另字勋卿。顺治十七年（1660），他奉诏进京协助汤若望纂修历法，康熙八年（1669），为钦天监监副，主持编制《时宪书》。此时，南怀仁奏请康熙皇帝，设计和监造了6架大型观象台天文仪器，即第谷式古典仪器：赤道经纬仪、黄道经纬仪、地平经仪、象限仪、纪限仪和天体仪，至康熙十三年（1674）完成，实物仪器现在还完好地保存在北京建国门外古观象台。变法维新人物梁启超，曾对外国传教士在中国所起作用和产生的影响做过评价："17世纪有一件非常重要的事，中国学术史上应该大笔特书，那就是欧洲天文、数学的流入。"

　　南怀仁制造的这辆汽车其实只有二尺长，四个轮子，重要的是中部的火炉和汽锅。铜制的汽锅犹如现在的水壶，下平上圆，顶上有一喷汽的壶嘴。壶加热后，蒸汽从小嘴里喷吐而出，产生很大能量，射在涡轮叶片上，像水车产生动力，带动汽车后轮，驱动小车行走。车前还装有手动轮，控制行走方向。汽锅里发出的蒸汽可以驱动小车行驶10小时以上。

　　一看这样的描述，就知道是个模型，按现在的说法是辆概念车。做这辆车是为了讨好皇帝，在没有人拽马拉的情况下，能自动行走，不知当时康熙皇帝看了有多么开心，是否在有兴致时拿出来玩玩也未可知，但能肯定康熙很感新奇。借得开心之时，让皇帝知道科学的力量，一如说出太阳运行的规律而使皇帝学习起数学一样。康熙曾将自己的经历对大臣们说："尔等惟知朕算数之精，却不知朕学算之故。朕幼时，钦天监汉官与西洋人不睦，互相参劾，几致大辟。杨光先、南怀仁于午门外九卿当面赌测日影，奈九卿中无人知其法者，朕思己不知焉能断人之是非，因自愤而学焉。"对于"日影"的运行规律，国人就是不能"知其法"，也就不能不让皇帝信服科技。

这辆车的科技含量再高，其实也是个"玩具"，作为一位科学家怎么会如此浪费时间，精心设计，仅为博得皇帝一乐。其实南怀仁并没做无用功，用他的话来说："欧洲天文学给康熙皇帝留下深刻印象，以及西洋机械师给他带来的怡乐，一定会把他的目光转向科学背后的信仰。"此话不难看出这个传教士科技背后的用意，想通过皇帝来改变一个国家的信仰，科技不过是手段。

不论怎样，南怀仁深得康熙皇帝的赏识，康熙拜他为师，学习天文、数学和力学。如此敬重，当然使南怀仁官至高位。其实不论这位传教士目的如何，他的勤奋和机敏是有目共睹的，康熙皇帝也是赞叹有加，死后给他封了谥号"勤敏"，这在一班大臣中都是少有的事，更别说对一个外来人。南怀仁1688年去世，康熙皇帝亲自撰写祭文："尔南怀仁，秉心质朴，四野淹通。来华既协灵台之掌，复储武库之需……可谓莅来惟精，奉职费懈者矣。遽闻溘逝，深切悼伤。追念成劳，易名勤敏。"康熙此谕，用满汉两种文字刻在南怀仁碑碑阴，碑阳用汉文和拉丁文镌刻。迄今为止，用三种文字刻写碑文实属少见。这块墓碑今天就在车公庄6号市委党校内，与利玛窦、汤若望的坟茔依次排列。

虽是概念车，却是科技发明。康熙皇帝可能没充分认识到它的意义，要不怎没降旨做成实用汽车。然而这种被称为布兰卡冲动式蒸汽机，对后世产生了深远的影响。事有巧合，法国人居尼奥花了6年时间，在1769年制成了世界第一辆具有实用价值的蒸汽汽车。这辆汽车的大锅炉容积很大，有50立升，很奇特，居然也与南怀仁的蒸汽机形状一样，可见南怀仁设计构思的精到。

概念车尽管是玩具，那也是给皇帝看的，制作一定精良，用的材料肯定不会差，即使是软木，也应是名贵好木。这样的精品为什么没留下来，就不得而知了。或许玩腻了，或许损坏丢弃了，或许送给什么人了……历经几百年，尤其社会的剧烈动荡，什么可能性都有，留给人的只是猜测。按理说这样的东西就失传了，犹如三国时诸葛亮设计的木牛流马，实物也只能是传说。

此时，资料的能量凸显出来。南怀仁是个有心人，养成了把自己的科技活动记述下来的习惯，以至梳理成论文，寄往欧洲，就在去世前一年，这篇名为"自动机器"的文章发表了。据机械学家、清华大学副校长刘仙洲考证，南怀仁手稿于清康熙二十年（1681）完成，6年后发表在德国出版的《欧洲天文学》杂志上，使这一科技成果保存下来。

专家把南怀仁誉为"汽车始祖"，甚至认为"汽车发明在中国"。他毕竟在中国的土地上为皇帝制造出了汽车。他在中国生活了28年，那是人生最辉煌的时间，且做了高官，应该持有北京的"绿卡"，又葬在北京。

有人不免心存遗憾，玩意儿虽好，只能是传说。有幸的是，北京汽车博物馆按照这篇文章的描述，经过多方努力，复制出了这辆小车，材制用了比较结实的榆木。有关文字记载，只是一种小车，至于什么形状，凭想象，当时的车只有马车，百年后的车型也没超出这个范围。至于手动转向的轮是什么样子，仅靠几个文字描绘，还不能做得贴切。为了观看方便，汽车博物馆只是把车的核心部位蒸汽机扩大几倍，让人们从科技的角度领略这辆概念车的神韵。

看着壶嘴喷出的蒸汽，吹动叶片不断转动，心也跟着动了。那么早就有了对世界产生影响的科技，是咱北京人值得自豪的事儿。

（本文资料主要引自《北京志·工业卷·汽车工业志》）

2011年7月19日

慈禧无福消受老爷车

高文瑞

如果说南怀仁设计的那辆蒸汽汽车是第一辆概念车，那么袁世凯送给慈禧的就是北京历史上第一辆真正的汽车了。不论怎样，这对北京来说还是新鲜玩意儿。身为北洋大臣直隶总督，总想着怎样讨好这位"老佛爷"。事有凑巧，正赶上慈禧太后67岁生日，献上这个时髦贡品，让老太太开个洋荤，与南怀仁讨巧康熙皇帝有相似之处。

太后对这辆汽车并不像康熙皇帝那样喜欢，从心里像是有隔阂。这与闭关自守的国度有关，那不过是外国人的奇技淫巧。坐惯了轿子、马车，并不拿它当回事。检阅贡品时，听说这辆洋车不用马拉就能跑，难以置信，立即口谕：当场表演。看到汽车真的"隆隆"跑起来，慈禧太后马上产生联想，情不自禁地问："这车跑得这么快，要吃许多草吧？"

关于慈禧乘车，传出许多故事。慈禧太后得到车后，招纳学开车的人。一位名叫孙富龄的太监头脑灵活，很快就跟外国人学会了开车，成了慈禧太后的御驾司机。一天，慈禧太后坐车去城隍庙玩得很开心，赏了一碗酒给孙富龄，他酒劲上来，头脑发晕，那也得继续开车呀。本来路面戒了严，不知怎的，忽从胡同里蹿出个小太监，孙富龄心慌意乱，一时竟找不到刹车的位置，可怜小太监就这样稀里糊涂地送了命。按当时的规矩，孙富龄属于正常驾驶，没人问罪。而这一惊，吓着了慈禧太后，负责戒严路面的人和小太监的头儿一应人等，都受到了严厉惩罚。

慈禧的老爷车（摄影：高文瑞）

据说慈禧太后曾乘车去颐和园游览，驶出紫禁城后，她突然发现，"马车夫"不仅坐着，竟然还敢坐在前面，与自己平起平坐。这还了得，有失体统，立即责令"马车夫"跪下。慈禧的话是圣旨，哪敢不从。司机只好跪着驾驶。手不能代替脚去踩油门儿和刹车，路上险些酿成大祸。这可吓坏了当时的王公大臣，纷纷下跪，乞求慈禧不要冒这个险。无奈，慈禧被人搀扶下车，中途还是换上她的十六抬大轿。

裕容龄是慈禧御前女官，在所著《清宫琐记》中记述：慈禧因为开车的司机要坐在她前面，所以未曾乘坐过。可查《北京志·汽车工业志》："因司机无法按慈禧的'圣谕'跪着驾驶，慈禧不愿'屈尊'乘坐。"而《北京志·颐和园志》记载："该汽车因长期存放，早已损坏。不只引擎早已不能发动，且前车灯、方向盘丢失，皮坐垫及车篷顶已破烂不堪。"直到文化大革命后，颐和园将老态龙钟的御用汽车整修，在德和园陈列，供游人参观。

对这辆花了1万两白银购进的汽车的"身份"，至今还有争议。有人认为它是第二代奔驰牌小轿车，也就是德国生产的。《北京志·汽车工业志》中记述："北京第一辆汽车是……德国19世纪90年代的产品，式样几近欧洲18世纪的马车，功率约为4马力，时速15公里—20公里。"《北京志·颐和园志》也有类似记载：在1976年，德国奔驰汽车公司的三位工程师来到颐和园，看到这辆车，确认为是1899年该公司生产的第二代"奔驰"，并且愿意用10辆新车换走这辆汽车。另有说法，认为这辆汽车是美国生产的。交通部高级工程师王华鹏认为：应是美国图利亚牌汽车。美国人图利亚兄弟从1893年开始设计制造汽车。

这辆老爷车究竟由哪国生产还不好下结论。《中国交通运输史》的主编陆士井认为：早期汽车制造也是由多个厂家合作组装，是否"奔驰"厂家的产品，也难确定。

巧合的是北京汽车博物馆里也展示着一辆老爷车。相关人员介绍，这辆车是美国兄弟在1902年或1903年生产的，并且认为，颐和园那辆车经过改装，可能生产时间略早些。经过比较，两辆车在外形和结构上有很多相似之处，有可能同属一个公司制造。

（本文资料主要引自《北京志·世界文化遗产卷·颐和园志》）

2011年8月2日

何其巩与中国大学

刘宗永／郭晓钟

何其巩（供图：郭晓钟）

近现代乃至当代中国的文化、教育中心是北京，今天北京的高等教育机构有近百所，其中绝大多数是公立性质的，私立高等教育机构即民办大学为数不多。可历史上北京的私立大学不是这样，曾撑起一片别样的中国现代教育的天空。私立中国大学就是一所立学长久、人才辈出、影响深远的私立大学。

中国大学最初名国民大学，是由孙中山和马邻翼倡议于1912年建立的。学校设董事会，推举宋教仁为首任校长，国民政府拨款84500两白银为开办费，租得前门内西城根愿学堂为校址，1913年4月正式开学。另有一所附属中学（1952年更名为北京市第29中学，2006年改称中山中学）。1914年1月学校与上海吴淞公学合并，改称中国公学大学部，1917年，改称中国大学。学校迁入西单二龙坑郑王府（后为新皮库胡同乙12号）新址。1930年，学校停办大学预科，改为附属中学。同年11月学校改称中国学院。直到1949年3月停办，前后共历36年。

1936年，"一二·九"抗日运动高潮时期，中国大学有学生1300余人，1937年北平沦陷后，全校学生人数骤减，仅有学生530余人，1938年始在校学生人数逐步增加，1938年870余人，1939年1190余人，1940年1830余人，1941年2320余人，1942年2400余人，1943年2920余人，1944年达到高峰4080余人。

1936年10月，曾任北平市首任市长的何其巩任校长，直至1946年10月。中国大学在何其巩任校长的10年是一段十分艰难却又取得了长足发展的历史时期。

何其巩（1899—1955），字克之，安徽桐城（今枞阳县）人。1927年至1946年任中国大学董事会主任，1936年10月至1946年10月任中国大学校长。1950年后，任中央文史馆馆员。其在中国大学期间，坚持中国人办中国大学，拒绝日伪经费援助，自筹经费，延聘爱国学者执教，在课程内容与设置上，"八年之间，一遵教育部旧制办理"。1937年7月抗日战争爆发后，中国大学是没有外迁的少数几个大学之一，也是教育部承认其在沦陷区办学的正统资格并暗中予以资助的个别学校之一。北平沦陷期间，许多失学的河北、东北三省的学生都插入中国大学学习，在校生最多时达3000多人。1943年学校设立文理法三个学院、四个学系、一个研究院，并修订了组织大纲。（《北京高等教育志》第1115页，华艺出版社，2004年）

中国大学旧址（供图：刘宗永）

据中共北京市委党史研究室编《中国大学革命历史资料·中国大学革命史大事纪要》记载，何其巩在中国大学期间，修正中国大学组织大纲，定校花为丁香花。1943年，中国大学出版了《中国大学概览》，书中收录校歌、校史、学校章程及董事名录等。何其巩校长为增强学生的民族意识，对学生进行民族气节教育。他扩充中国大学图书馆，并在馆内正厅的墙壁上亲书"读古今中外之书志其大者，以国家民族之任勉我学人"楹联，还亲自选定《中国大学国文教本》选文百篇，将南宋民族英雄文天祥的《正气歌》选为最后一篇，要学生精读。

中国大学地处北平，与抗日后方隔绝，教育部的补助费无法汇寄，仅赖学费维持。全校教职员待遇微薄，忍饥耐寒，拒绝敌人资助。中国大学坚持"我们是中国人的中国大学"，"为教育而教育"的办学方针，获得沦陷区爱国知识界的支持，争以教授中国大学为荣，北方青年争以就读中国大学为荣。1937年8月后，留居平津各大专院校的一批坚持民族气节、不与日伪合作的教师，纷纷被何其巩校长聘到中国大学任教。

1941年美日宣战后，又有一些大学停办，燕京大学的齐思和、胡鲁声、张东荪、严孟群、袁贤能、李汝祺，协和医学院的裴文中、冯兰州、臧玉淦、徐希帆、谢少文等名教授均到中国大学执教。其他如清华大学的褚圣麟、刘明越，北大的俞平伯、蔡镏生、严东生，北平师范大学的陆宗达、王桐龄，天津南开大学的温公颐、翁独健、王之相、唐纪翔、孟昭威、孙人和、邸维周、王静如等，他们宁肯以微薄工薪应聘到中国大学任教，拒绝到有丰厚待遇的日伪主办的学校任职。何其巩校长抗战开始即肩负了在敌占区造就青年的重任，坚持做到："董事会及学校一切机构无变动；不受奴化支配，拒绝日伪分子，优待忠贞人士；学生自由讲习，并运送抗日后方；学校证件，从未加盖过伪印；对参加抗日地下工作者，分别掩护。"（见1946年4月15日天津《益世报》登载《中大返校节何校长报告校务》）

抗日战争期间，何其巩校长团结全校师生发展壮大了学校。1936年，"一二·九"抗日运动高潮时期，中国大学有学生1300余人，1937年北平沦陷后，全校学生人数骤减，仅有学生530余人，1938年始在校学生人数逐步增加，1938年870余人，1939年1190余人，1940年1830余人，1941年2320余人，1942年2400余人，1943年2920余人，1944年达到高峰4080余人。1946年底何其巩离任时，在校生为3141人，专任教师139人。

曾在中大任教的名人有李大钊、蓝公武、李达、吴承仕、黄松龄、曹靖华、杨秀峰、吕振羽。自中国大学毕业的名人有李兆麟、白乙化、齐燕铭、段君毅、董毓华、黄诚、任仲夷、杨易晨、张友渔、张致祥、浦洁修、徐才、李大伟等。可谓人才济济，为一时之盛。

（本文资料主要引自《北京高等教育志》）

2009年11月8日

熊希龄和香山慈幼院

侯志云

熊希龄（供图：侯志云）

香山以其秀美景色，从唐朝经辽金元明清民国至今一千多年来，吸引了无数帝王将相、达官贵人、富商军阀、文人墨客前来建宫、建园、建寺以致安眠于此。其鼎盛时期清代乾隆年间，皇家建筑规模宏大，风景名胜区近80处，乾隆皇帝御题景点28处。现在世人熟知的古迹首推"双清别墅"。"双清"，是指两股清流，金章宗在位时称"梦感泉"。这里曾是香山慈幼院首任院长熊希龄为自己修建的居所。他将这里整修一新，找回当年的一些文物，建筑了六角亭等，并为其题名"双清别墅"，在此居住了20年之久。不仅如此，目前香山公园内的大部分建筑、遗存都是他那时兴建的。他还在此开创了中国近代教育的特例——慈善教育。

熊希龄于1870年7月23日出生于湖南省凤凰县，从小就有才子之名，幼年颖慧好学，于光绪十年（1884）年方14岁时进秀才，21岁中举人，24岁成进士，遂被点为庶吉士，并很快在湖南的维新运动中崭露头角。后来发生以慈禧太后为首的顽固守旧派扼杀变法的"戊戌政变"，谭嗣同等六君子罹难,熊希龄也被指为康梁党徒,受到"革职,永不叙用,交地方官严加管束"的处分,当时年仅27岁。

民国时,熊希龄先后出任民国财政总长、国务总理兼财政总长、平政院院长等要职。但短短几年时间,几度宦海浮沉,历经世态炎凉,难抒心胸抱负,终致无所作为,他不由得产生了"归隐深山,奉母终养,不再与闻世事"的想法,甚至还表示要"皈依佛教,以出世间"。那是1917年,熊希龄才47岁。

据《北京市海淀区志》记载:"1920年10月,熊希龄在静宜园创办著名的香山慈幼院,对当时水灾中200余名难童收容教养,同时吸纳京师及郊区满、汉儿童500人,共700余名儿童入院。熊希龄亲手制定办学方针,推行'学校、家庭、社会合一'的教育体制,建立健全管理机构,订立教学和管理制度及条规,还制定校训和校歌,到1930年学校规模逐渐扩大,由男女两校发展成6校,即蒙养部、小学部、中学部、职业部、职工部和大学预备部。"

慈幼教育作为学前教育,由三个机构组成:幼稚园、婴儿园、家庭总部。

幼稚园(即蒙养园)于1923年7月23日正式设立。熊希龄为蒙养园题写的门联是:"幼幼及人之幼,生生如己所生"。入幼稚园的儿童年龄规定在四至六岁,称为幼稚生。幼稚生每年只招收50名,三年毕业。毕业后升学到第二校的初小班。园中有着完整的生活与教学设备。除寝室、教室、食堂、浴室之外,还有一座由新加坡华侨黄泰源捐款,于1926年落成的大礼堂,取名泰源堂。其他各项设施有动物园、植物园、小农村、顾远亭、买卖街、家庭小厨房、鸳鸯池、鹿园、健身房、儿童体育场以及孔子、基督、释迦牟尼陈列室、军械室、儿童俱乐部,"差不多凡是对于儿童身心有益的设施",几乎"应有尽有"。

婴儿园初名"婴儿教保院",于1929年11月29日在北京石驸马大街成立。熊希龄题联云:"不独子其子,慈方是大;勿偏爱所爱,母乃为贤";"保我子孙其永寿;育之道德以终身"。

家庭总部于1934年4月19日成立。之所以成立该部,是熊希龄开办十余年的慈幼教育以来,发现没有受过家庭教育的儿童往往性情孤僻,行

勤政殿（摄影：郭晓钟）

为粗野，不懂礼节，与有家教的孩子比较差异较大。他深恐慈幼院众多失去家教的孤贫儿童，长大以后会变得"无情感，无国家民族思想"，希望能补上这一缺陷。家庭总部由熊希龄的女儿熊芷具体操办，地址选择在与婴儿园相邻的前女校宿舍旧址。熊希龄题联："爱人以德勿姑息，育幼之乐见大纲"。

总部之下就是各个小家庭了。每个家庭设家长一人，家庭成员10人或12人。家长是从婴儿保姆训练班毕业的合格保姆中挑选，标准是：为人和蔼，头脑清晰，能吃苦耐劳，年龄在30至40岁左右。家庭人员则是从第二校小学部的男女儿童中分派。家长带领十名或十二名男女儿童（年龄大小不一）同居一宅，他们之间的称谓是：儿童称家长为娘，"事以母亲之礼"；儿童相互间均以兄、弟、姐、妹相称，"孝友之情，有逾骨肉"。每日下课回家或途中相遇，都应互相称呼，鞠躬为礼，对于各师长亦然。各个家庭都有住宅、客厅、饭厅、厨房、储藏室等，空气流通，温度适宜。

熊希龄为推广、普及慈幼教育，将自己全部家产均投入其中。

他说："国难方殷，余当以身许国，马革裹尸，或遂其志。而回念吾

1929年熊希龄与慈幼院的学生们（供图：侯志云）

生,幼受祖父母、父母之教养,长受吾师之训诲,而终身又得余妻之内助,使余得以尽力于国家社会,感念前情,当倾其所有家产,以为吾父、母、师、妻之纪念,或稍尽余酬报之心,使社会平民同受幸福也。"

（本文资料主要引自《海淀区志》）

2011年5月3日

赫德路与赫德

赵振江／韩凤祥

20世纪80年代初，中英联络小组为香港回归进行谈判，关于谈判地点，国外媒体富有深意地这样报道："今天，联络小组重开谈判。令一般人不可理解的是谈判地址选在很不起眼的台基厂头条的X院内。这个选择也许是有深刻含义的，在历史上，这条胡同曾以一个英国人的名字命名，叫赫德路。"

谁是赫德？怎么会以一个英国人的名字来命名一条街道？翻开《北京志·对外经贸卷·海关志》我们赫然发现，这个叫罗伯特·赫德的人，竟然掌管了中国海关50年。

罗伯特·赫德（供图：郭晓钟）

赫德1835年生于英国北爱尔兰，以优异成绩毕业于女王大学。1854年5月来华，先在香港接受见习翻译的培训，随即被派往英国驻宁波领事馆担任翻译，清咸丰八年（1859）参加中国海关工作，任广州粤海关副税务司。1861年起代理李泰国（N.Lay，1832—1898）在上海担任海关总税务司职务，1863年11月30日正式担任海关总税务司。1865年，总税务司从上海迁到北京，从此，赫德在北京居住了四十多年。

赫德路路标（摄影：郭晓钟）

在长期留居北京期间，赫德擅长幕后的"业余外交"，是清廷总理衙门"可以信赖的顾问"，"不但在税务和商务问题方面，而且在外交和内政方面"，都有其不可忽视的影响力。甚至对封疆大吏的人事任命，有时朝廷也要咨询他的意见。恭亲王奕䜣说："赫德虽系外国人，察其性情，尚属驯顺，语言亦多近礼……"

1862年，由海关税收为经费的中国第一个新式学校——京师同文馆成立，其经费、人事等权基本控制在总税务司赫德手中。同治八年（1869），赫德提名美国传教士丁韪良担任同文馆总教习，总管校务近三十年。该馆是培养翻译人员的"洋务学堂"，最初只设英文、法文、俄文三班，后陆续增加德文、日文及天文、算学等班。

1865年至1868年间，他和英国公使威妥玛向清廷提出许多改制强国的建议，他写道："如果政策改变了，中国可以成为各国的领袖；如果政策不改变，它将变成各国的奴仆。"1879年，赫德协助清帝国购买8艘军舰。这成为中国北洋海军的起源。1887年，为解决走私问题，他劝说中

台基厂头条（摄影：郭晓钟）

葡两国签订里斯本会议草约，以出卖中国主权和由葡萄牙"永据"澳门为条件，换取澳葡当局协助海关征收鸦片税。

在近五十余年总税务司任期内，赫德为摇摇欲坠的清政府统治出谋献策，深得清政府赏识，并授予他多种荣誉。1864年赫德被授予按察使衔（三品）；1869年被授予布政使衔（二品）；1881年被授予头品顶戴；1885年被授予双龙二等第一宝星、花翎；1889年被授予三代正一品封典；1901年被封为太子少保衔；1904年11月20日，慈禧赠与赫德如意柄寿字一个；1911年9月20日，赫德病故后，同年9月23日，清政府追封赫德为太子太保。

今天，当我们走在台基厂头条时，一种感慨涌上心间，这个曾经叫赫德路的台基厂头条，能让今天的中国人永远记住当年"强权外交"的羞耻！

（本文资料主要引自《北京志·对外经贸卷·海关志》）

2010年1月25日

戚继光与石匣营

马恩富

明朱棣皇帝迁都北京后，败走到沙漠地带的元蒙残部势力，仍不甘心他们失去中原大地的疆土，时常袭扰密云北部边镇（今石匣、古北口）。为巩固北京的安全，明政权不断地调整充实石匣营的指挥力量，其中戚继光就是驻扎石匣营时间最长的一名高级指挥官。

戚继光所处的年代，是明朝受"南寇"、"北倭"威胁最严重的时期。以戚继光为杰出代表的抗倭英雄所向披靡，最终荡平了东南沿海的倭寇。可此时的北方仍刀光剑影边患不断，严重地威胁着明王朝的安全。

明隆庆元年（1567）秋天，戚继光接到了朝廷要他到北方蓟州（今天津市蓟县）训练边军的诏令。走马上任后，戚继光深入边塞了解边情，马不停蹄地考察了蓟州所辖各军事要地的防御情况。通过考察，戚继光深感石匣营的军事力量势单力薄，为此他强调要加强防御，协力戍边共抗倭寇。

明隆庆二年（1568），戚继光根据战势情况，要求所有的边军要明确职责，严肃军纪，划地为防。为固守边防，戚继光在向朝廷递交的奏文中说："本帅要在三年内训练出十万精兵（车兵、步兵、骑兵）"，以打击蒙古骑兵侵袭古北口、石匣营的嚣张气焰。

明隆庆三年（1569），戚继光亲赴石匣营坐镇指挥，训练将士统领兵卒，督建古北口长城建设。不久，戚继光还在石匣营城内建起了帅府，并

戚继光塑像（摄影：郭晓钟）

把西路帅驻扎在石匣营的分守参将提升为西路协守副总兵，专门防御曹家路、古北口、石塘岭（路）、墙子岭（路）、白马关五处关隘，以防蒙古铁蹄的南侵。明隆庆五年（1571），戚继光为巩固石匣营周边各关口的军事防御，亲临视察了曹家路、古北口、石塘岭（路）、墙子岭（路）、白马关各口的地形。从地理位置上考虑，戚继光把石匣营确立为指挥中心，这样石匣营一可作为保卫密云的前沿；二可作为边镇古北口的后方。基于此，戚继光决定再次调整军伍，在石匣营布防重驾战车156辆，轻驾战车256辆，骑兵3000人，步兵4000人，以游击将军专领石匣营事。

"戚家军"在驻扎石匣营期间，由于部分将士是南方人，水土不服，不是拉肚子，就是不适应北方寒冷的冬天，因此产生了思乡的情绪……石匣营的百姓得知后，出于对"戚家军"的敬仰，纷纷来到帐下，有的送水，有的送药，有的送慰问品，视"戚家军"为仁义之师。

戚继光面对百姓的关怀，深受感动和鼓舞。他时常抽出时间教百姓习武练功传授戚家拳，以鼓百姓士气。戚继光爱兵如子，视百姓为父母

20世纪30年代的石匣镇（供图：李东明）

的举动，深得士卒和百姓的赞许。时至今日，在石匣地区还流传着戚继光教百姓练戚家拳的故事。

今天我们再踏上石匣营城遗址时，好像又看到了当年伟大的民族英雄，杰出的军事家戚继光在石匣营指挥千军万马抗击敌寇的场景；眼前又浮现出戚继光教百姓练戚家拳的身影；仿佛又听到了戚继光在石匣营、潮河边、四松旁吟咏的诗篇："翛然相倚翠堪餐，龙卧鸾翔各羽翰。对尔十年流景易，会心一日宦途难。涛迴小簟侵入骨，萝破层阴悟鼠肝。莫道大夫能变化，贞操不易雪侵寒"。

（本文资料主要引自《密云县志》）

2011年2月12日

戚继光与《题龙潭》诗碑

李东明

戚继光（1528—1587），是我国著名的民族英雄，许多人都知道他抗击倭寇功勋卓著，却很少有人知道，在白龙潭龙泉寺院内，有一他亲手书写的《题龙潭》诗碑刻，很有特色，与胜景白龙潭相得益彰，为白龙潭增添了无尽的豪气。

明代中期，蒙古俺答部时常进犯京师北部边防，威胁都城。为彻底铲除边患，朝廷于隆庆元年（1567）调抗倭名将戚继光出任蓟州总兵，协助蓟辽总督谭纶执掌蓟州、昌平、保定三镇军务。由于密云地区在三镇中位置的重要性，加之蓟辽总督府设在密云城内，所以，戚继光在京北驻守的十六年中，把更多的时间和精力放在了密云，因而密云境内多有戚继光的足迹。

戚继光《题龙潭》诗碑高2.15米、宽0.63米、厚0.11米。诗碑序言为："蓟镇石匣营南十里为龙潭，石阴中窥水色澄澈，若有洞在水中隐隐可见。兹冬，余以集练标路将士于石匣，暇日携游于此，诗以纪之，实为今上改元之三年。"诗文如下："紫极龙飞冀北春，石潭犹自守鲛人。风云气薄河山迥，阊阖晴开日月新。三辅看天常五色，万年卜世属中宸。同游不少攀鳞志，独有波臣愧此身。"

此碑书写于明万历乙亥（1575）旧历十月十五日。当时，戚继光驻防密云在内的蓟州三镇，防御东蒙古朵颜部入掠。他将防区划分为十二

龙潭奇景（摄影：李东明）

路，白龙潭一带隶属于古北口路。这一路置营七座，其中石匣营与白龙潭相距仅十里。在这一年，戚继光第三次击败入掠的朵颜部，该部投降，和明朝政府恢复了通贡互市的关系。就在此次胜利之后，戚继光率部驰马来到白龙潭，登山吟啸，咏志抒怀，同时也歌颂了京畿要地的大好河山，并将字体遒劲、气势磅礴的诗篇刻碑留存后世。

戚继光志向远大，在我国南方的许多地方都有他抒情写景的好诗佳句存留，传为佳话。可是在北方燕山防务线上，他戎马战斗了16个春秋，却很少见到他的诗碑和墨宝，仅发现《题龙潭》这一处，足见其珍贵！

（本文资料主要引自《密云县志》）

2011年5月10日

田义与田义墓

杨博贤／王董瑞

石景山模式口段，前临京西著名的"驼铃古道"，背倚气势雄伟的蟠龙山，我国首座宦官文化陈列馆——田义墓即坐落于此。田义墓是目前国内保存最完好、规格最高、石刻最精美的太监墓，对此，包括舒乙等作家均有过详细描述记载。田义墓同时也是我国首座以宦官历史为题材的专题博物馆。

田义"别号渭川，陕西华阴人也"，生于明代嘉靖十三年（1534），卒于万历三十三年（1605）。儿时聪慧，举止不凡。9岁时被净身送入宫中当太监，不久被选送到专门训练培养宦官的内书堂读书。"隆庆中，选六科廊掌司"，管理"内外章疏"和内官档案。万历皇帝登基后，"察视左右"，发现田义忠诚干练，"可大任"，将其提拔到文书房当管事。后又升任内官监太监，赐"蟒衣玉带"。万历十一年（1583），任命为南京副守备，以南京司礼监太监掌南京内官监印，3年后转升正守备兼掌南京司礼监印，"岁加禄米"。万历十七年（1589），田义被召回北京担任司礼监随堂办事，"总理中外文书，提督教习兼督礼仪房"，"钦赐坐蟒，许禁地乘马"。万历十九年（1591），掌司苑局印。万历二十年（1592），兼掌巾帽局印，"钦赐内府坐凳杌"。万历二十四年（1596），掌司礼监印兼掌酒醋面局印。上述职务权势很大，可谓"无宰相之名而有宰相之实"。

史书中关于田义本人的记载并不多。

田义墓外观（摄影：王董瑞）

一处出自《明史》卷一百三十《列传》第一百零六中的《沈一贯传》，田义唾沈一贯一事。万历三十年（1602）二月，沈一贯时任内阁首辅，"帝忽有疾，急召诸大臣至仁德门"，"独命一贯入启祥宫后殿暖西阁"。万历对沈一贯所言中提到了免除百姓矿税之事："矿税事，朕因殿工未竣，权宜采取，今可与江南织造、江西陶器俱止勿行，所遣内监皆令还京。"沈一贯出拟旨以进，因此得民心之事，"诸大臣咸喜"。出人意料的是天还没亮，万历病竟然好了，后悔要废除矿税。"中使二十辈至阁中取前谕，言矿税不可罢。""一贯欲不予，中使辄搏颡几流血，一贯惶遽缴入。"而当万历打算收回成命之时，"司礼太监田义力争。帝怒，欲手刃之。义言愈力，而中使已持一贯所缴前谕至。后义见一贯唾曰：'相公稍持之，矿税撤矣，何怯也！'""矿税之害，遂终神宗世"——由此，人民又多吃了18年的矿税之苦。蔡东藩先生在《明史演义》中就此事称赞田义："不期太监中，亦有此人，其名曰义，可谓不愧。"

一处出自《明史》卷一百四十九《列传》第一百二十五中的《吴宝秀

田义墓内景（摄影：王董瑞）

传》，田义救宝秀一事。吴宝秀，平阳河前（今浙江苍南县龙港镇湖前）人，万历十七年（1589）的进士，官拜大理评事，后被贬为南康知府。万历二十七年（1599），"湖口税监李道横甚，宝秀不与通"，却终被李冤枉入狱。其妻陈氏为此将积蓄交与其妾以作赴狱路费，上吊而死。"宝秀至京，下诏狱"。而"抚按及南北诸臣论救者疏十余上，帝皆不省"。一日，"司礼田义汇诸疏进御前，帝怒掷地。义从容拾起，复进之，叩首曰：'阁臣跪候朝门外，不奉处分不敢退。'帝怒稍平，取阅阁臣疏，命移狱刑部。皇太后亦闻陈氏之死，从容为帝言。至九月，与一元等并释为民。归家，逾年卒。"此处记载他不畏帝怒，从容进言，拯救义士，斯为义举也。

田义的正邪忠奸，有限的资料，我们尚不能完全判定。但至少有一点，相比明朝的其他大太监，他是为数不多的、有存于正史和民间的被人称赞的事例的。于宦官这个群体，已实难得了。

田义死后，万历悲痛不已，特赐他模式口茔地一区作为佳城，"树享堂碑厅"。后有十几位太监羡慕田义的人品和威望并追随他而葬在了田义的墓地中，因此形成一个规模不大，但内容丰富的太监墓群。

田义墓损坏最严重的时候是在民国期间，随葬品几被洗劫一空，仅剩下墓碑、石刻雕像和残缺不全的楠木棺板。幸而陵墓整体风貌未被损坏。1997年，石景山区文化文物局考虑到田义墓的价值和抢救的紧迫性，多方奔走，力主收回了田义墓，经整治后着手建立宦官文化陈列馆和石刻博物馆。2001年，田义墓被北京市人民政府列为市级重点文物保护单位，田义墓逐步恢复明朝时的建筑结构，新添诸多可移动文物，增添大量的文字和图片，从方方面面完整展示我国几千年来的宦官历史、墓葬文化及精美石刻。

田义墓外的槐树（摄影：郭晓钟）

（本文资料主要引自《石景山区志》）

2010年1月11日

杨博与古北口

邢光新

古北口是长城的要塞，元朝统治被推翻后，鞑靼人虽退居大漠戈壁以北，但一次次地向古长城内骚扰，当地百姓惨遭杀掠。明朝蓟辽总督杨博就是这个时候与古北口结下了不解之缘。

杨博，字惟约，山西蒲州（今永济市）人，嘉靖二十七年（1548）任蓟州、辽宁、保定总督，负责这些地区的军事防卫。

嘉靖三十三年（1544），鞑靼兵在黄崖关、墙子路战败，被明军围剿了三万多人，损失惨重。于是鞑靼贵族率领了十二万骑兵劫掠蓟镇并猛攻古北口边墙。因为敌人这次来势汹汹，嘉靖帝十分担忧，不断地派人到蓟辽总督杨博临时的驻地——古北口，查问敌况。

杨博为了防御敌人的偷袭，根据战事需要，上书奏请皇帝，希望准予修建军事防御性设施。据《密云县志》记载：蓟辽总督杨博就地取材，于潮河川修筑小石城6座，以河卵石砌筑城墙，东面、南面是大石块，外砌城砖，设西、南二门，南门楣上有石匾，上刻"雄峙潮河"四个大字；建敌台3座；并重修护关旧墙并创置横城，分屯劲兵，以固边防。

嘉靖三十三年（1544）八月，把都儿（鞑靼俺答汗之子）率兵再犯潮河川、掠古北口。在此危急关头，蓟辽总督杨博得到战报，亲自披挂上马直奔前线，不脱衣甲，露宿古北口长城，日夜督战官兵全力抗敌。世宗得知以徘豸衣赏赐杨博，并用重金犒劳官兵。俺答兵猛攻古北口关四昼夜，

雄伟壮观的古北口长城（供图：郭晓钟）

雄关岿然不动。

在这期间，明军俘获了许多鞑靼兵和他们的家属。杨博下令把俘虏的鞑靼妇女、儿童集中在一起，容许他们相互照顾，母亲和孩子也不应分开，并按照每天生活的需要，把俘获的牛羊发给她们自己去宰杀，还发给盐等调料。杨博要求明军热情周到地优待这些妇女儿童；晚上还要远离她们，行为不得出轨，违者立斩。最后明军把这些妇女儿童，送还给把都儿。鞑靼士兵们闻讯后，心里很受感动，觉得明军此举实在可敬，又加上城关难以攻下，于是丧失了攻城的信心。把都儿看到士兵士气低沉，也很无奈，只得转攻另一处孤山口。

明军在孤山口的守备十分空虚。顷刻间，长城防线被突破，形势万分危急。在这千钧一发的时刻，杨博沉着冷静，立即招募5000人，组织一支精壮的敢死队，趁黑夜焚烧了敌营。霎时，漫山遍野一片火海，俺答兵惊慌失措。杨博派主力趁势冲杀，敌兵丢盔弃甲，狼狈逃窜，全线溃退。

古北口五里坨残墙（供图：郭晓钟）

　　古北口保卫战取得了决定性的胜利，总算给"庚戌之变"后的明朝挽回了一点面子。杨博也凭借其过人的胆识和出色的指挥才能升为右都御史，他的事迹也为古北口的历史留下了浓重的一笔。

（本文资料主要引自《密云县志》）

2010年7月12日

徐寿朋
—— 平谷走出清公使

崔建国

清朝末年，平谷走出一个外交官，他就是《清史稿》有传的徐寿朋。

徐寿朋，根据民国二十三年（1934）《平谷县志》和《清史稿·徐寿朋传》记载，祖籍浙江山阴，即今绍兴。同治末年，迁到直隶清苑县，即今保定。光绪二十一年（1895），因与时任平谷知县的吴大照同乡同学，遂举家迁入平谷。清光绪年间，钦差出使韩国大臣，任外务部左侍郎。按照清朝官制，侍郎一般要分左右，左侍郎为从二品，相当于现在的外交部第一副部长。1898年，在中韩通商条约正式签订之后，徐寿朋改任为第一任清王朝驻朝鲜李朝的公使。

徐寿朋生于1849年，正值鸦片战争后中华民族的多事之秋。史料记载，他"通晓西方语言，谙习洋务"。光绪二年（1876），充任驻美国使馆二等参赞。当时，华人在美国受到歧视和虐待，权益得不到保障，徐作为使馆参赞，与美国政府交涉时，据理力争，义正词严，较好地维护了华人的权益。

光绪二十四年（1898）被召回国，授福建按察使。因为在出仕之前，徐寿朋一直是李鸿章的得意幕僚，在李的极力举荐之下，仅半年时间，就被清廷征还。在给朝廷的奏章中，李氏极言其"练吏治，熟邦交"。八月，光绪皇帝召见了徐寿朋。"召见，奏对称旨"，也就是说符合光绪皇帝的意图。十月，徐寿朋在出使之前，得到了慈禧太后和光绪皇帝的联合召

平谷郊外一景（摄影：郭晓钟）

见。之后，充任驻朝鲜李朝全权议约大臣。

1900年，中国发生了震惊中外的"庚子之变"。八国联军占领了北京城，清政府被迫议和。李鸿章向朝廷点名要求让徐寿朋协助议和。在议和期间，徐寿朋既要与八国联军方面周旋，力争把中方的损失降到最低限度，又要照顾李鸿章的起居，还要主持起草各种文件，更要及时向朝廷奏报情况，并且要承受被国人唾骂的压力。长期的、极度的超负荷运转，徐寿朋终于心力交瘁，积劳成疾，于当年十月故去，享年51岁。

根据徐寿朋遗愿，归葬旧城北门外，即今长途汽车站西南处。清政府拨专款（帑银）8000两用于治丧，以示朝廷的荣宠。徐寿朋在平谷的口碑极好。据传，徐寿朋每次从京城回到平谷，都要在寺渠大桥下轿，步行到位于平谷二中西南侧的徐氏老宅，距离大约4华里左右。途中无论遇到男女老幼，都要谦逊地打招呼。

今年，恰逢徐寿朋辞世110周年。他生长在清王朝的腐朽末日，为挽救一息尚存的清王朝，可谓呕心沥血。有心救世，无力回天。

（本文资料主要引自《平谷县志》）

2011年6月21日

密云水库"十姐妹"

邢光新

50年前，周恩来总理亲自批准修建京城最重要的水源之一的密云水库。如今，回想在修建水库的大军中涌现出的众多先进人物，其中英雄"十姐妹"就是他们的杰出代表。

那是1958年7月26日，城关公社南菜园大队、四街大队10名17至21岁的姑娘，自带工棚、工具、口粮，进驻到工地，第二天自行成立了"十姐妹"突击队，推举王建华为突击队队长。初到工地时，她们都不会推小车。在王建华的带领下，姑娘们起五更、爬半夜，借着月光勤学苦练，终于掌握了推车技术。在潮河明渠开挖中，她们小车装得满、跑得快，日超定额三四倍多。为了完成任务，在不能用小车推的作业点底部，就用肩扛，开始只能扛一个筐，后来就一个肩膀扛一个。面对着修建水库的困难，十姐妹以苦为乐，豪迈地唱着

密云水库"十姐妹"合影（供图：邢光新）

远眺密云水库（摄影：郭晓钟）

"十姐妹"突击队队歌："穆桂英在这块大地上摆过战场，我们在这里修筑天堂；穆桂英为宋朝大破天门阵，我们为人民降服老龙王。"

1959年春，"十姐妹"突击队转战北白岩。她们自己挖了一个大土坑，围上苇席当房，铺上花秸和炕席当床，吃的是窝窝头、大咸菜和大白菜。夏天蚊子多，冬天风刺骨。就在这样的环境中，她们担负着筛沙石、打混凝土、推轱辘码、打风钻等超体力的施工任务。

寒冬腊月，寒风刺骨，有一次，王建华和姐妹们用铁钎子撬水沟边的冻土埂子，由于她用力过猛，一下子扑空，整个人掉到了水里，浑身湿透，她的两条小辫也冻成了"冰棍"，一绺一绺的，大家硬把她拽回住处，她躺在被窝里躺了不一会儿，就爬起来跑回工地，又继续干起来。

1959年9月，"十姐妹"突击队队长王建华和其他支队的队长受到了周恩来总理的亲切接见。周总理握着她的手亲切地鼓励她说："真不错，你们好好干吧，一定要再接再厉！"

岁月如烟，往事如歌。当年英姿飒爽的"十姐妹"，如今已两鬓斑白，

密云水库白河主坝（供图：郭晓钟）

有的当了奶奶、姥姥，有的已经离开了我们，但人们没有忘记这些为修建京城最重要水源地之一——如今风景如画的密云水库而拼搏奉献过的英雄模范们。

(本文主要资料引自《密云县水利志》)

2010年9月27日

密云司马台长城

邢光新

长城是中国古代军事防御工程。密云县境内的长城最早修筑于北齐，现存长城建筑主要是明代修建的。经过几百年的风吹雨打和人为破坏，现保存最好的当属古北口境内的司马台长城。

此段长城始建于明朝洪武初年，是一段偏离原北齐长城基础的明长城。其设计者是鼎鼎有名的抗倭名将戚继光。他在任蓟镇总兵时，到古北口勘察，发现古北口是华北平原通往内蒙古和东北平原的交通要道，"地扼襟喉趋溯漠，天留锁匙枕雄关"。他认为古北口长城地势好，只需将古长城稍事修葺，防御性就极强。于是利用卧虎山、蟠龙山和两山之间的关口作为新长城关口，把一些小的零段长城连接起来，建成敌楼林立的砖砌长城。他在隆庆三年（1569）开始正式修筑古北口新长城，并且加意修葺古长城。

纵观司马台长城，全长5.4公里，敌楼、烽火台143座，造型大小不一，高矮错落，宽窄相间，多姿多彩。长城沿山脊建造，随山势蜿蜒曲折，忽高忽低，左右盘旋，尤为壮观。特别是"天梯"和"天桥"两段，修建在绝壁顶梁上。"天梯"是指长城爬坡而上，直上直下，坡度在85度以上，两侧悬崖峭壁；"天桥"是在两座崖壁之间，用长石条架接而成，长约100余米，宽仅一砖。敌楼分布密度大，两敌楼距离最近的仅43.8米，最远在600米。墙体分单边墙、双边墙、砖墙、石墙。门窗也别致新颖，还

司马台长城望京楼（摄影：容晶）

有雕花花岗岩石门，为不可多得之文物。

东段望京楼和仙女楼是众多敌楼中最具有代表性的。司马台长城最高的敌楼是望京楼，海拔986米，登楼四望时，一览群山小：东观"雾灵积雪"，西望"蟠龙卧虎"，北看"燕山叠翠"，南眺"水库明珠"。夜间远眺北京城，依稀可见城郭灯火。仙女楼建在孤峰之上，它也是诸多敌楼中最精美的一座，牵系一个美丽传说：当年修此段长城时，玉帝派遣五仙女下凡，帮人们踩位结线。她们日夜奔走，不畏艰辛，休息时见白云缭绕，奇峰异景，便向玉帝提出在此游乐的请求。玉帝对她们辛勤劳作很是满意，便允许她们每年一度可在此享受人间之乐。于是城楼修好后，此楼便隐隐有仙女的倩影和银铃般的笑声。

古建筑学家罗哲文教授说："中国长城是世界之最，而司马台长城又堪称中国之最。"

（本文资料主要引自《北京志·世界文化遗产卷·长城志》）

2011年3月15日

沧海桑田的壮丽画卷

刘文江

历史悠久的北京,有着多个世界第一。2006年北京又成为世界上第一个拥有"世界地质公园"的首都城市。

2006年9月18日,在英国贝尔法斯特举行的第二届世界地质公园大

拒马河奇石(摄影:刘文江)

会上，由北京市房山区、河北省涞水县、涞源县联合创建的中国北京房山世界地质公园通过评审，获"世界地质公园"称号，北京成为世界上第一个拥有"世界地质公园"的首都城市。园区丰富的地质资源、优美的自然环境、优越的地理位置、多样的生物类型博得了与会专家评委的高度评价。

中国北京房山世界地质公园距离北京市中心50公里，地跨北京市房山区和河北省涞水县、涞源县三个区县。公园主体区域总面积达953.95平方公里。

公园地处北东向燕山构造带与北东向太行山构造带衔接区内，是中国陆内造山带的典型地区之一，具有复杂的地质背景。园区集中国北方典型地表岩溶地貌、地下溶洞群、壮观的花岗岩与大理岩地貌、古人类和古生物化石等地质遗迹精粹之大成，记载了距今数亿年来漫长而动人的沧海桑田演化历史，构成了世界地质历史长卷中的壮丽画卷。

拒马河峡谷画廊

蜿蜒五百里的拒马河，是河北境内现今唯一没有断流的河流，是公

十渡风光（供图：刘文江）

园的主体风景线。《房山区志》载："拒马河为海河流域大清河水系支流，发源于河北省涞源县。在十渡大沙地入境，流经十渡、六渡、张坊等村，在张坊村西出山。"拒马河从涞源县城涌出地面，在太行山、恒山、燕山交汇簇拥的群山峻岭中，由西向东不息地奔流着，流经涞源县境，流经涞水县境，流经房山区境，在拒马河峡谷口，房山区张坊镇分成了南拒马河、北拒马河，进入河北平原的涿州。美丽的拒马河绘成了三百里的拒马河峡谷画廊。

从拒马河源头顺流而下，首先是白石山拒马源峰丛瀑布旅游园区。这是距北京市中心最远的景区。该园区总面积60平方公里，位于河北省涞源县境内，巍巍矗立在拒马河南岸，包括白石山、十瀑峡和拒马源三部分，该园区还有保存较完好的明代长城，有白云抚地、鲜花似海的天上人间空中草原，有兴文塔、阁院寺等人文景观。其次是涞水县野三坡综合旅游园区。该园区总面积344.83平方公里，位于河北省保定市涞水县西北部，由百里峡构造——冲蚀嶂谷景区、龙门天关花岗岩断裂构造峡谷景区、拒马河景区三个景区组成。其三是十渡岩溶峡谷综合旅游区。该园区总面积313.68平方公里，是集观光、休闲、娱乐、度假为一体的综合中心景区。该园区以拒马河为主轴，形成一条长38公里的构造——岩溶景观走廊。

侏罗纪火山口 —— 黄安坨

拒马河的主要支流是贯穿房山区南北的大石河。《房山区志》载:"大石河为海河流域大清河水系北拒马河支流。发源于境内西部山区霞云岭乡堂上村西北。河道在山谷间曲折向东,经霞云岭、长操、班各庄、河北等地,在坨里辛开口村出山,……到祖村向南出境,至河北省涿州市码头镇与北拒马河汇合。"大石河源于白草畔下。《百花山志》载:白草畔主峰称五指峰,上具5块耸天而立形如五指的巨岩,海拔2161米,为北京市第三高峰。山体岩石形成距今约1.5亿年;又载:百花山海拔1991米。山体是中生代燕山运动时隆起,又经新生代喜马拉雅运动改造而形成。火山岩的特征证明了此山在侏罗纪火山喷发时期是极为活跃的地区之一,火山口在黄安坨(门头沟区)一带;还载:圣莲山位于柳林水村西北,古时称"鹤子山"。山上有"圣米石塘"遗址。2004年5月,莲花山改称圣莲山。独特的自然地利条件,形成了百花山 —— 白草畔生态旅游区、圣莲山观光体验园区。

蕴藏瑰宝的山前平原

大石河北南纵贯房山平原,在涿州与拒马河交汇,构成了美丽富饶的周口店山前平原,孕育了享誉世界的周口店北京人遗址、上方山 —— 云居寺宗教文化,也孕育了具有溶洞王国的石花洞溶洞群观光园区。

《房山区志》载:"1953年,中国科学院在龙骨山兴建了北京猿人陈列馆。1961年,周口店北京猿人遗址被定为第一批全国重点文物保护单位。1987年12月列入'世界遗产清单'";又载:"云居寺位于水头村南,寺院遗址、石经及塔并列为全国重点文物保护单位;前后绵续一千余年。计刻经1122部,主要有华严经、法华经、涅槃经等,3572卷。刻成经版14278块,分别藏于云居寺东峰石经山上九个石洞和云居寺南侧压经塔下地穴中,其中石经山九洞藏4196块,压经塔下藏10082块。最大藏经洞雷音洞，1981年11月发现释迦佛舍利两颗……云居寺内外还有唐、辽两代大小塔十余座，以北塔和南塔著名；还载：上方山诸寺位于房山城西南上方山。自东汉肇建寺庙，历代相续，或修旧，或扩建，或新辟，辽、金两代达到鼎盛，形成以兜率寺为中心的茅庵寺庙群。兜率寺创建于隋末唐初，……上方山诸寺大部已废，现仅存16庵，能开放游览者仅8庵。1984年5月公布为北京市第三批重点文物保护单位。

在房山世界地质公园中，有世界自然与文化遗产即周口店北京人遗址，记录了距今78万年至1.8万年的古人类演化历史，是中华文明的发祥地之一；有4处国家地质公园，即以北方典型岩溶景观为特色的十渡国家地质公园、野三坡国家地质公园，以多层多枝洞穴和丰富多彩洞穴沉积景观为特色的石花洞国家地质公园，以大理岩峰丛景观为特色的白石山国家地质公园；有以新颖独特的"圣米"石英岩为特色的圣莲山市级地质公园；有三座国家森林公园，即上方山国家森林公园、野三坡国家森林公园、白草畔国家森林公园；有三处国家级文物保护单位，即周口店北京人遗址、云居寺、阁院寺；有三处国家4A级旅游景区，即石花洞景区、十渡景区、野三坡百里峡景区。它们各具特色，从不同角度，向人们展示着房山世界地质公园神奇的魅力。

（本文资料主要引自《房山区志》）

2009年11月15日

景色壮美的官厅水库

刘继臣／赵宏柱

官厅水库位于永定河上游延庆县与河北省怀来县交界处，海拔490米，是永定河流域最重要的控制性工程，控制永定河流域面积4.34万平方公里，总库容41.6亿立方米，具有防洪、供水、发电、灌溉等多种功能，是北京市重要水源之一。

永定河是海河水系中最大的一条河流，历史上曾名无定河，且多水患，给下游地区造成的损失之巨，难以统计。从封建王朝到国民党统治时期，几度整治，也有人提出修建官厅水库的建议，但由于种种原因搁浅。新中国成立后，中央人民政府把根治永定河列入了重要议事日程，1951年10月经中央人民政府批准，官厅水库建设工程正式开工。在中国共产党的领导下，4万多水库建设大军，以高度的爱国主义热情，忘我的劳动精神，投入到了官厅水库的建设中。到1954年5月，仅仅用了两年半的时间就胜利竣工。

官厅水库是新中国成立后兴建的第一座大型水库，是新中国水利的摇篮，在中国水利史上具有里程碑意义。水库的建设，受到了毛泽东、刘少奇、周恩来、朱德、邓小平等老一辈党和国家领导人的亲切关怀，得到了全国人民的大力支持，倾注了新中国第一代水利工作者的智慧和心血。1954年4月12日，毛泽东主席亲临水库施工现场视察。水库工程胜利完工后，毛主席欣然题词"庆祝官厅水库胜利完成"表示祝贺。

因水库淹没区部分区域在延庆境域内，为支持水库建设，延庆在官厅

官厅水库（供图：余小凡）

水库建设过程中动员最大的人力、物力、财力，其中最大的付出是官厅水库淹没区域的移民安置，根据水库工程的规划和设计方案，凡是在官厅水库区域内482米高程以下的村庄和住户都要进行迁移，官厅水库淹没区涉及延庆县48个村庄。官厅水库移民从1952年12月开始至1956年结束，先后进行了四期，移民43个整村和9个村的零星户，共计5502户，23055人，占全县总人口的四分之一；土地56974亩，房屋24688间。这些迁移的居民，舍弃的是祖辈生养的家园，体现的是延庆人民的自我牺牲、舍家为国的精神。

官厅水库的建成，使永定河从而名副其实、永久解决了其水患问题，并成为确保京津及下游地区免遭永定河洪水威胁的重要屏障。水库建成后，共拦蓄每秒1000立方米以上的洪水8次，拦蓄泥沙6.5亿立方米。

几十年来，官厅水库的建成产生了巨大的经济社会效益。至2008年，累计向下游京、津、冀地区供水407亿立方米，累计发电90亿千瓦，为下游地区特别是首都的经济发展、城市建设、人民生活和生态环境的改善，提供了重要的水源保证和能源支持。

官厅水库的建成在首都建设史上有着不可替代的作用，作为北京工业和城市用水最早的源泉，其历史贡献功不可没，至今依然是北京地区重要的战略性生态水源，是构筑首都水源安全保障体系的重要组成部分。

高原平湖官厅水库、渔光泛舟、一碧万顷，被誉为塞外明珠。郭沫若曾赋诗赞曰："官厅水库鱼三尺，夹库湖山两岸青。"

（本文资料主要引自《延庆县志》）

2010年11月8日

燕山天池

刘继臣／赵宏柱

白河水库位于延庆县东北山区白河上游，距北京市区110公里的群山怀抱之中，距延庆县城30公里。明代这里建有军事要塞"靖安堡"，扼守白河峡谷，乃称白河堡。水库依白河而建，故称白河堡水库，简称白河水库。白河水库是跨流域沟通官厅、密云两大水系，将水资源进行合理调配的重要水利枢纽。

白河水库是北京第五大水库，也是北京地区海拔最高的水库。

白河水库是延庆人自己动手修建的最大水库，当时被称为延庆的"红旗渠"工程，承载着一代人的梦想和记忆。白河建设者们，发扬自力更生、艰苦奋斗的精神，不畏严寒酷暑，战天斗地，开山劈岭，奋战了14个春秋，终于实现了延庆几辈人"引水入川"的梦想，她是延庆人民的骄傲，也是延庆人民智慧和汗水的结晶。"不畏困难、团结协作"的白河精神，也影响着一代又一代人，时至今天仍是一笔宝贵的精神财富。

白河水库是为跨流域引水而兴建，功能以为官厅水库、延庆县农业灌溉、十三陵水库补水为主，兼有防洪、发电、养殖等综合效益。水库通过输水隧洞将白河水引到山前，为延庆川区灌溉提供水源，同时承担向官厅水库和十三陵水库补水任务。

近年来，由于连年干旱，北京成为严重缺水的城市。因白河水穿行于群山之间，水质清澈无污染，是北京地区不可多得的一盆洁净水源。

白河水库风光（摄影：宋兰生）

2003年，白河水库被列为北京市生活用水水源库。为确保北京市民的正常生活用水，白河水库自2001年起，担负向密云水库输水的重要任务，截止到2009年底，共向密云水库输水6.84亿立方米。

　　白河水库不仅是北京地区重要的水资源调配枢纽，白河大峡谷更是北京地区不可多得的高山峡谷景观。这里层峦叠嶂、山水相依，库区风光随着季节变幻而波谲云诡：春季，山花烂漫，候鸟栖依，一派生机盎然景象；夏季，蓝天倒映，清风习习，水库平均气温仅20摄氏度，是人们休闲避暑的好去处；秋季，水库周边群山层林尽染，一汪碧水，波光粼粼，远望炊烟袅袅，近听渔歌晚唱；冬季，天池积雪，山舞银蛇，松涛低吟，别有韵味。一年四季，移步易景，令人心驰神往。

（本文资料主要引自《延庆县志》）

2010年11月15日

卧佛寺的五大景观

刘东来

卧佛寺位于北京植物园内，是大乘佛教唐代禅宗的皇家寺庙，国家级重点文物保护单位。清雍正皇帝称其为"入山第一胜境"、"西山兰若之冠"。据传说，唐贞观十九年（645），玄奘法师从印度带着大量经书和佛像回到长安城，唐太宗李世民率领数万僧众出城迎接，盛况空前。此后，中国掀起修建寺院的高潮，有人在今天的北京西郊修建了一座寺院，取名"兜率寺"，这座寺院就是卧佛寺的前身。

据文献记载，卧佛寺始建于唐贞观年间，寺内原有檀香木卧佛一尊。兜率寺曾更名昭孝寺、洪庆寺、永安寺。清雍正十二年（1734）重修后，赐名"十方普觉寺"，由于寺内供奉铜卧佛一尊，故俗称卧佛寺。该寺距今有1300多年的历史，是北京现存最古老的寺庙之一。

卧佛寺建筑群是中国佛寺早期的一种布局方法，沿袭唐代伽蓝七堂的法式，这种平面布局在北京非常少见。卧佛寺有五大景观与众不同，即半月池、古蜡梅、古银杏、十八罗汉和卧佛。

罕见的半月形放生池

从琉璃牌楼进入卧佛寺，面前是一座白石桥，架在半月形的放生池上。首先，许多寺庙的放生池是没有桥的，另外古代寺院放生池大都是

半月形的放生池（供图：郭晓钟）　　　腊梅（供图：郭晓钟）

方形的，而半月形放生池比较少见。

京城腊梅之冠

天王殿前，有一丛古腊梅。传说这株腊梅植于唐贞观年间，曾经一度枯萎，而后又发出新芽，长势茂盛，所以又叫它"二度梅"。近几年，这株千年古腊梅年年开花，花密而多，气味芳香，每年早春都有很多喜爱腊梅和摄影的游客前来欣赏。

圣树 —— 古银杏

三世佛殿东西两侧，有两株古银杏树，树龄在800年以上，挺拔苍劲。传说，这两棵树是为了象征释迦牟尼涅槃于娑罗树下，早年从印度移植来的，因而此树又有"圣树"之称。

乾隆与罗汉

三世佛殿内，中央端坐三世佛，两厢是泥塑彩绘的十八罗汉。一个个身披袈裟，手捻佛珠，神态各异，栩栩如生。但东面最南端的一尊罗汉却戴帽穿靴，身着双龙戏珠袍，与众不同。传说，乾隆皇帝笃信佛教，即位前曾一心想皈依佛门，但即位后未能实现心愿。后来，在卧佛寺大修时，他自认为已修成正果，便命手下将其中一个罗汉去掉，换成了自己的塑像，这才有了现在带有乾隆皇帝塑像的十八罗汉。

檀香木卧佛与铜卧佛

卧佛寺曾一度两尊卧佛共存，唐代檀香木卧佛原在三世佛殿，明末清初不知去向。现在卧佛殿供奉的铜质实心卧佛，为元代至治元年（1321）铸造，身长一丈六尺，重十万八千斤，据说是为了纪念唐僧往返十万八千里西天取经的艰苦历程，是中国现存最大的铜铸卧佛。卧佛头西足东面南，左手平放腿上，右手曲肱托头。据说这个卧式是释迦牟尼圆寂前的姿势，描绘的是佛陀在娑罗树下向弟子们作最后一次教诲的情景，即佛教故事"释迦涅槃圣迹图"。

乾隆罗汉塑像（摄影：郭晓钟）

檀香木卧佛（供图：刘东来）

（本文资料主要引自《北京志·市政卷·园林绿化志》）

2010年8月23日

京郊长城异同

杨超

北京八达岭、慕田峪、司马台、居庸关等地的长城，均已是驰名中外的旅游景点，但论起各处异同，即便京人也未必皆知。

京师北门铁锁头

历史上的八达岭长城是护卫京城最重要的关隘，素有"北门锁钥"之称。因而古人有"居庸之险，不在关城，而在八达岭"的说法。八达岭长城的关城建于明弘治十八年（1505），自古以来就是南北交通要道，更是历代兵家必争之地，具有极其重要的战略意义。几百年风雨沧桑为八达岭留下了丰厚的历史文化积淀。1949年前夕，关城"居庸外镇"和

八达岭长城（供图：郭晓钟）

慕田峪长城正关（供图：郭晓钟）

"北门锁钥"两门均已倒塌，其他的敌楼、垛口、墙体也破败不堪。新中国成立后，国家多次拨巨款修复，基本恢复了八达岭长城原貌，可供游览的长城长达1660.7米，楼台8座。1958年正式向游人开放。

1984年，在邓小平"爱我中华，修我长城"的倡议下，又先后修复敌楼19座、垛口1252座、城墙3757米，游览面积由过去6180平方米增加到现在的19348平方米，并先后建成了詹天佑纪念馆、烽火台、长城全周影院、长城博物馆及夜长城等十余处新景观，如今已成世界级的旅游胜地。

双面垛口连两关

慕田峪长城位于怀柔县渤海镇境内，是明初开国元勋徐达修筑长城的起讫点之一。慕田峪长城西接居庸关，东连古北口，构造有独特之处，长城两侧均有垛口，正关台以东的大角楼有长约1000米的支城，人称"秃尾巴边"，以西的一段是著名的"北京结"长城，有"箭扣"和"鹰飞倒仰"等景观。

唯一原貌古长城

司马台长城位于密云县古北口镇境内。始建于明洪武初年，加修于明隆庆至万历初年戚继光任蓟镇总兵之时，是中国长城中唯一一段偏离原北齐长城基础上的明长城，也是北京地区唯一一段保留明长城原貌的古长城。司马台长城旅游区东至望京楼，西与河北省金山岭长城相接，北和河北省滦平县毗邻，南到司马台营城。全长5.4公里，有敌楼35座，烧制而成的"万历五年山东左营"、"万历五年石塘路"等文字砖，在城墙上和敌楼上多处可见。

居庸关长城（摄影：郭晓钟）

三关之首景色秀

居庸关长城位于昌平区南口镇境内，是京北长城沿线上的著名古长城，称天下第一雄关，距北京城区约50公里，为拱卫京师的屏障。它与嘉峪关、山海关齐名，但因其地势险要，位列三关之首，为历代兵家必争之地。春秋战国时代，燕国扼守此口，时称"居庸塞"。汉朝时，居庸关长城已初具规模。南北朝时，关城与长城相连。此后，唐、辽、金、元数朝，居庸都有关城之设。现存关城，始建于明洪武元年（1368），周长4000余米，城楼、敌楼等配套设施齐备。关城内外有衙署、庙宇、儒学等相关建筑设施。清末以后，居庸关长城建筑逐渐荒废。居庸关长城不但地势险要，还以景色秀丽著名。早在八百多年前，"叠翠居庸抱云台"就被金代皇帝钦定为"燕京八景"之一。

（本文资料主要引自《北京志·世界文化遗产卷·长城志》）

2010年5月24日

颐和园中的文昌帝君文化

范志鹏

颐和园昆明湖东堤北端的文昌阁，为一座城关式建筑。"文昌"就是文昌帝君，是道教众仙人的一员，为道教神明，在道教中文昌帝君掌管文章科举。文昌阁是目前颐和园园内六座城关中最大的一座，始建于乾隆十九年（1754），城基上原为三层楼阁，光绪十七年（1891）改建为二层。

实际上文昌帝君就是文曲星，文曲星就是主管文运的星宿，代表有文艺方面的才能或者爱好文学及艺术的人。中国民间普遍认为，文昌帝君的原型是张亚子，但也有很多人认为李白、范仲淹、包拯也是文昌帝君。

现文昌阁阁内一层北侧有须弥座，上坐文昌帝君铜像（坐北朝南）。文昌帝君头戴文昌冠，身穿蟒袍，腰束玉带，体态雄伟。在文昌帝君两侧各肃立一童子像（东侧为天聋、西侧为地哑），西侧为文昌帝君的乘骑铜特。民间俗称为"能知者不能言（地哑），能言者不能知（天聋）"。铜特为文昌帝君的坐骑，长着驴面、骡身、马耳、牛蹄，俗称铜骡子。天聋、地哑、铜特是文昌帝君的三个帮手。在皇家园林的原始设计中，万寿山西麓的宿云檐城关供奉关圣帝君，东面的文昌阁供奉文昌帝君，取文武辅政的寓意。

中国自唐朝末年和五代十国以来，藩镇割据现象十分严重，武将拥兵自重，往往自立。宋太祖赵匡胤就是在此情况下崭露头角，他在后周

颐和园雪景（摄影：郭晓钟）

担任统领禁军的殿前都点检，力量逐渐发展壮大起来，通过"陈桥兵变"黄袍加身，建宋代周。赵匡胤本人对藩镇割据和军将掌握军事大权对皇权造成的威胁有深刻的感受，藩镇割据使得战乱不断，社会经济、文化等遭到严重破坏，他认识到要想使社会重获安宁，就必须消灭藩镇割据，将军将的兵权收回中央。

赵匡胤通过"杯酒释兵权"解除了高级将领的军权，消除了藩镇割据依靠的军事力量，使节度使成为虚衔，继而加强禁军，取消殿前都点检、副都点检等重要禁军职位，由三衙分掌禁军领兵权，实行将兵分离，不让武将充任枢密院长官，规定武将不能参与最高军事机密，武将见同级文官必须揖让执礼，从而抑制了武将的社会地位。同时朝廷扩大仕途，取消释褐试，一中进士立刻做官，让更多的地主阶级知识分子参与政治，形成带有中国特色的文官官僚集团。取士不论门第，这使民间价值取向发生重大变化，民间意识到通过科举可以改变社会地位，遂形成"万般皆下品，唯有读书高"的观念，并使文昌帝君的崇拜广泛在民间流行。

1860年前的文昌阁（供图：郭晓钟）

修葺一新的文昌院（供图：郭晓钟）

　　元、明、清三朝继续重用文人，从而减少了内部的反叛，特别到了清乾隆年间，中国的文官官僚集团已经十分成熟，乾隆皇帝为了笼络文官官僚集团，消除文官官僚集团对清王朝的反叛思想，对文官官僚集团加以礼敬、重视、培养，最高统治者在皇家园林清漪园中修建文昌阁也就不足为奇了。

（本文资料主要引自《北京志·世界文化遗产卷·颐和园志》）

2010年8月9日

静宜园与香山慈幼院

赵伸

位于海淀区西山的香山公园是中外游客向往的旅游胜地，尤以秋天的红叶引人入胜，是北京著名的观赏景观。人们徜徉在公园的山水间，欣赏着公园的美景时，还可以觅到静宜园和香山慈幼院的种种遗迹，昭示了这座名园的沧桑，也记录了它从皇家苑囿沦至贫民学校校址的历史。

静宜园位于海淀区西部，是清代以山林为主的著名皇家园林，与圆明、畅春、清漪、静明等并称"五园"。香山一带早在唐代就有了僧寺，辽代宣宗葬此称永安陵。据《金史》记载，大定二十六年（1186）三月，建香山寺。金章宗频繁来此打猎、巡幸，并建有会景楼。元明两朝也略有营建，到清康熙十六年（1677）始建行宫。乾隆十年（1745），高宗弘历开始营造香山的工程，在"旧行宫之基"，利用香山岩峦之怪特，林薄之华滋的自然条件，开始大规模的营造，增建二十八景，赐名静宜园。此后，营建工程仍陆续进行，直到乾隆四十五年（1780）宗镜大昭之庙建成为止。清《宸垣识略》载："静宜园在香山前，为城关。内东西各建坊，中架石桥，下为月河。度桥为宫门，内为勤政殿南北配殿，前为月河殿。后北为致远斋，南向。西为韵琴斋、听雪轩。东有楼，为正直和平。殿后西为横秀馆，东向。南为日夕佳亭，北为清寄轩。横秀馆后建坊，内为丽瞩楼，后为多云亭。丽瞩楼后南为绿云舫。丽瞩楼迤南为虚朗斋，前为石渠，为流觞曲水，为画禅室，后为学古堂，东为郁兰堂，西为伫芳

绿云舫（摄影：郭晓钟）

楼，又后宇为物外超然。其外东西南北四面各设宫门。"此是园内建筑位置的简介，《日下旧闻考》里有静宜园园景翔实的记录和描绘。

  静宜园占地约150多公顷，是一座以天然山景取胜的山地苑囿，园内既有古刹亭轩等人文景观，也有青山茂林的自然野趣。它在景点的安排、道路的铺设、景观的布置上，都体现了我国古代园林建设与自然和谐相处的思想，充分保持和利用了自然生态环境，是人工与自然兼有的大型皇家园林。高宗在《静宜园记》中写道："佛殿琳宫，参错相望。而峰头岭腹，凡可占山川之秀，供揽结之奇者，为亭、为轩、为庐、为舫室、为蜗寮，自四柱以至数楹，添置若干区。越明年春三月而园成，非创也，盖因也。"静宜园内叠岭青铺，层林尽染，泉流澄碧，苔石凝苍，处处以翠取胜。内垣外垣，草木繁茂，登楼入馆，拾阶蜿蜒……远眺俯瞰，尽皆美景，为当时京师著名风景胜地之一，足令饱览江南园林的乾隆帝流连，频频题诗赞颂。当代《北京志·园林绿化志》综合史料记载，对静宜园的勤政殿、丽瞩楼、绿云舫、香山寺等御题"二十八景"做了详细而通俗的介绍。

然而，如此秀美的一座皇家园林，却毁于侵略者之手。咸丰十年（1860），英法联军入侵北京，在西郊焚掠。八月二十四日（10月8日）洗劫了香山静宜园，园内的文物、珍宝被掠夺一空。九月六日（10月19日）又放火焚烧香山静宜园，园内建筑几乎全

静宜园宗镜大昭之庙（摄影：赵信儒）

被焚毁，二十八景所剩无几，仅存残破的正凝堂和位于山腰隐于林中未被侵略军发现的梯云山馆。光绪二十六年（1900），香山静宜园又一次遭到八国联军的洗劫。到清代末年，香山静宜园已是遍山瓦砾，破败不堪。

辛亥革命后，一些达官贵人、军阀富户在园内大修别墅，同时也建有为社会公益事业做出贡献的香山慈幼院等。1949年初，中共中央领导人曾在此居住，指挥了全国解放战争，筹划了建国大计。20世纪50年代，在静宜园旧址的基础上建公园，为广大劳动人民提供休闲游览的场所，1984年5月公布为北京市文物保护单位。几十年来不断地清理占地，修缮遗址、翻修房屋、铺设管路，架设高空索道，补栽更新树种等等，终于有了今天我们见到的香山公园。

说到静宜园，就不能不提北京香山慈幼院。

《北京市志稿·民政志》（近代北京官修地方志书，纂于1938年，1998年正式出版）记："民国六年，顺、直水灾，熊希龄在北京设立慈幼局，续收男女儿童一千余名。次年水患平，结束遣散，遗无家可归者四百余名，乃商准清室内务府拨借香山静宜园建筑校舍，九年十月三日正式成立，定名香山慈幼院。"

1917年9月，顺直省区（即现在的河北、北京地区）发生大水灾，淹没了103县，19000多个村，25万多顷地，有635万多老百姓受灾，这是一场巨大的浩劫。熊希龄（1870—1937）是民国时期著名的政治家、慈善教育家，曾任民国政府国务总理。那时候他奉命督办水灾善后事宜，

见灾民因乏食而将儿女遗弃道旁或标卖，情景十分悲惨，就在北京设立了慈幼局两所，收养灾民的儿女，总共收了男女儿童差不多有千余人。灾后，一些儿童先后被父母领回，可还有很多没人认领。熊希龄不得不考虑设一个永久的机关，来安置教养这些儿童。经与前清皇室的内务府商量，将已被毁的香山静宜园拨出，建接收男女儿童的学校。熊希龄看到当时城内外困苦的儿童很多，其中也有旗人的子女，一些走投无路的父母自杀后仅剩可怜的孩子，就决定建一大规模的慈幼院，可以容得下千多人，把城内外贫苦的孩子招进来一同教育。遂用募来的公私捐款，利用静宜园的遗址，建成了香山慈幼院，于民国九年（1920）九月开课，次月正式开院。

香山慈幼院创办时收容200余名水灾难童，同时吸纳京师及郊区满、汉儿童500人，共700余名儿童入院。熊希龄亲自制定办学方针，推行"学校、家庭、社会合一"的教育体制，建立健全管理机构，订立教学和管理制度及条规，还制定校训和校歌，到1930年学校规模逐渐扩大，由男女两校发展成6校，即蒙养部、小学部、中学部、职业部、职工部和大学预备部。1937年熊希龄逝世后，其夫人毛彦文接替院长职务，并在抗战后方办起香山慈幼院桂林、柳州、芷江、重庆分校。1945年10月毛彦文返回北平主持院务，进行全面的复校工作，一直到北平解放。从1920年到1948年，香山慈幼院共为社会培养了6000余名有用人才（见《北京市海淀区志》）。

据《北京香山慈幼院院史》，慈幼院初建时分为男女两校，男校在静宜园的东北，原是一片空地，大约二百余亩，即现在香山公园管理处和香山别墅所在的地方。女校位于静宜园东南部，乃是前清皇室的寝宫，即后来的香山饭店所在。现在，香山慈幼院男女两校仍有迹可寻，原男校的食堂，即香山别墅的餐厅；原女校的食堂，即香山饭店的餐厅。香山慈幼院总院的地址，即后来香山公园管理处的所在地，总院的大铁门依然如故。从大门望进去，可见镇芳楼，这座楼原来是慈幼院的董事会、评议会、院务会等开会的地方。总院门外北侧顺石阶而下有一方形广场，围绕广场四边有一米余高的看台两层。这里原是慈幼院学生们春秋两季开运动会的地方，平时是足球场。

镇芳楼旧照（供图：赵信儒）

说到静宜园与香山慈幼院的关系，也是个有意思的话题。虽说静宜园名义上是清室地产，可民国后一直疏于监管，致使园林荒芜，盗伐古树林木经常发生，还在园内修建了许多私人别墅。在拨借给慈幼院前后，园内设立了两个管理机构。一是静宜园董事会，专管园内租地和一切自治事宜，负责修路、植树和设立园警的费用；二是慈幼院董事会，是慈幼院的最高管理机构，专管院的财政、教育、监督、审计的事情。两个董事会的会长都是赵尔巽，避免了园与院的矛盾。后来慈幼院的规模扩大，一些机构和分校建在了园外，还有合并的其他院校，慈幼院的管理范围又超出了静宜园。如此园院相叠套，交叉管理，倒也相安无事。据《香山公园志·大事记》记载，1938年，"北平特别市"公布了管理静宜园委员会章程，成立静宜园事务所。1947年，慈幼院教员与事务所为砍伐树木事发生矛盾，当时的北平市长曾下令接收香山慈幼院，这大概算是园院之间发生的最大冲突了吧。

（本文资料主要引自《北京志·市政卷·园林绿化志》）

2009年4月26日

小记北京的树

余小凡

北京是一座古都,世界著名的历史文化名城。北京的树,与北京的山、水共同孕育了这座古城,并和城市一同积淀了深厚的文化底蕴。

史前时期,永定河冲积平原上水草丰美,森林茂密,优越的自然条件养育了我们的先民。渐渐地,永定河畔出现了居民点,逐渐发展为城市。这里的树木也伴随着城市的发展走到了今天。树,早已成为北京的主要景观之一,清乾隆御题的燕京八景中,琼岛春荫、蓟门烟树和居庸叠翠三景的主体就是树。北京地区现存树龄最高的树竟与城市同庚。在昌平檀峪村北有一株古青檀,据碳14测定,距今已有3000年以上,可以说,它是看着北京诞生、长大的见证者!

下面就说说北京的市树。

侧柏:在北京的皇家园林、宫殿院落和坛庙中,侧柏占据着突出的位置,故宫、太庙(劳动人民文化宫)、社稷坛(中山公园)、天坛、地坛、先农坛、颐和园、北海、景山等处遍布着由其组成的林荫道和树林。裸子植物门,柏科,侧柏属,为中国特有树种。常绿乔木,一般株高20米,胸径可达1米。侧柏材质优良,有芳香,喜阳耐旱,寿命长,广泛分布于北京低山区的阳坡、半阳坡,也是园林绿化美化的主要树种。在北京现存几百年、上千年树龄的古树中,侧柏占据了很大的比例,它从一个角度体现了古都深厚的文化底蕴,成为历史名城北京的一幅映象。1987年3月

侧柏（摄影：郭晓钟）　　　　　黄栌（摄影：郭晓钟）

12日，北京市第八届人民代表大会第六次会议审议并通过市政府建议，确定侧柏为北京的市树。

国槐：国槐在北京郊区的沟谷、村落、路旁随处可见，也是城市里的常见树种，是北京地区最有代表性的木本植物之一。它为被子植物门，豆科，蝶形花亚科，槐属。落叶乔木，树高可达25米。它与乡间的村落和城市的街道、胡同、四合院相依相伴数百年、上千年，体现出浓郁的民间文化气息。1987年3月12日，市人大八届六次会议同时将国槐确定为北京的市树。

另外，黄栌（红叶）和银杏（公孙树白果树）在北京的绿色世界里也占有一席之地。

黄栌（红叶）：提起北京的树，不能不说黄栌。被子植物门，漆树科，黄栌属，灌木或小乔木，株高3—5米。北京的黄栌原多分布在西山与平原交界地带的山坡上，特别集中在该地带的皇家园林、庙宇等地方。深秋

国槐飘香（摄影：郭晓钟）

时节，其叶变得通红，在较为集中、成片的区域漫山红遍层林尽染，形成动人心魄的景观，此即为享誉海内外的"西山红叶"。近几十年来随着北京地区大面积的植树造林，黄栌的分布范围扩大到全市西北山区的山前一线和部分深山地带，形成数十个新红叶区，其也成为北京山区最主要的景观植物。

  银杏（公孙树白果树）：另一个不能不说的就是"老祖宗"银杏。裸子植物门，银杏科，银杏属，国家一级保护野生植物。落叶乔木，株高可达40米，胸径可达4米。银杏为中国独有树种，地球上现存最古老的木本植物之一，与水杉共享"活化石"之称。至上世纪中叶，其已成为濒临灭绝的物种，北京尚存的植株大都为几百年乃至上千年的古树，在北京现存古树中数量排在侧柏之后，居第二位。20世纪60年代，国家有关部门组织科研力量攻克了银杏人工繁育的难题。1964年，北京园林部门将其作为行道树在西城区厂桥附近的地安门西大街南侧和永祥里胡同等地试

大觉寺的古银杏（摄影：郭晓钟）

种并获得成功，其后又向其他街道和园林推广。如今，在京郊山前区的部分地段，市区一些公园内和机关、学校的院落里以及部分街道的绿化带中，已不难见到这一古老树种的年轻身姿。

（本文资料主要引自《北京志·市政卷·园林绿化志》）

2009年5月31日

古镇良乡昊天塔

李桂清

在北京西南古镇良乡东关外,突兀而起一座小山坡,即赭红色岩石的燎石岗。昊天塔就矗立其上,塔高36米,挺拔高耸,古朴苍劲,五层八角,内有阶梯,为北京地区唯一的楼阁式空心砖塔。据清光绪十五年(1889)《良乡县志》载,该塔始建于隋,唐尉迟敬德重修。现存之塔为辽建,塔前原有寺庙,今已无存。由于良乡地处辽境,燎石岗又扼南北交通要道,宋辽对峙,战事频仍,而该塔可"阶级环上,北望都城,南眺涿鹿,举在目前",尤其据县志记载,燎石岗上曾有五座圆形古城,清末民初时尚存遗址,因此学术界普遍认为昊天塔是用作军事瞭望目的的建筑。

历史上有不少与昊天塔相关的传说,如《杨家府演义》里潘仁美向宋太宗介绍昊天寺赛过五台,建议去游玩。八大王忙制止说:"昊天寺在幽州,与肖后接壤境界。倘辽人知之,发兵劫驾,岂非自贻伊戚?"还有戏曲《孟良盗骨》里,杨继业为宋捐躯后,尸骨被辽军存放于昊天塔。杨六郎部将孟良、焦赞为盗尸骨,火烧昊天寺。传说燎石岗的石头就是被孟良放火烧红的。1998年昊天塔周围建成公园开放,塔前修建了孟良、焦赞墓和盗骨洞。

笔者曾认真查阅了清光绪十五年(1889)的《良乡县志》,见到有关燎石岗的记载(卷一·地舆志·古迹):"在(良乡)县东北里许,南北孔道,轮骑必出其下(按《金史》作"燎岗")。石皆赤色如燎,故名。平原广陆，忽涌堆阜，石势散落，如雷驱霞驳，盖体干以独立标腾也。上有多宝佛塔，亦名塔岗。"后在《长安客话》中，也看到有关资料，并说在燎石岗上有神祠。金海陵王完颜亮曾经过此地，持杯珓祷说："使吾有天命，当得吉卜。"投之吉；又祷说："果如所卜，他日当有报，否则毁尔祠宇。"投之又吉。等他继位后，就封燎石岗神为灵应王。

《良乡县志》中，清晰地记载了此塔的情况："多宝佛塔，隋建，在燎石岗上，五级玲珑，高十五丈，围十五丈，四面门，二十座阶级环上，北望都城，南眺涿鹿，举在目前。唐尉迟公敬德重修。"据此，良乡塔始建于隋，唐曾重修，现存塔是辽代修建的，历经一千多年的古塔，在饱经荒凉与寂寞，承接风霜与历练后，依然坚强挺拔，巍然屹立。

良乡昊天塔（摄影：李桂清）

1984年和1997年，北京市文物局先后投资1620万元，对良乡塔及周围环境进行修缮和整治，重新粉刷了古塔，塔身加上了彩灯、地灯，建造了昊天湖和望良亭、涌泉亭、鸣钟亭、望良西亭，修建了幽静别致的枫树林、情侣林，开辟了林间小路，重新恢复了盗骨洞、孟良焦赞墓、铁佛堂。整修一新的古塔，显得更加古朴典雅，精巧优美。八角形五级楼阁式，完全是仿木结构；淡灰色塔身，柔和内敛；塔基高且宽大，周长48米，为八角形仰莲座式，砖砌须弥座，从下到上，逐层缩小，收分明显；束腰部分雕刻着佛像、花卉等图案，上下两层，每面8个，线条清晰流畅，丰富生

良乡塔下焦赞墓（摄影：李桂清）

动，手法细腻，对研究辽代绘画雕刻艺术具有很高的价值；五层塔身各自形成一个独立单元，每层东西南北有券门，余四个侧面为方形直棂窗；在一尺高的塔檐下与每层相交处采用了砖雕的斗拱，比例和谐，刻工精细；塔内为空心，有梯阶可出入，并有楼梯旋转而上直到塔顶。

据说，登顶南可眺涿县姑嫂双塔，北可望京城，塔的四面原有佛龛，惜已坏；塔刹为八角形墩台，雕有仰莲花瓣，瓣内托有宝珠饰物，恰似一顶皇冠，使宝塔挺拔秀丽又庄重大方。在塔的西边，原有苹果窖，窖房后有接引铁佛一尊。铁佛2米多高，内有铜芯，当地村民都说那是三国西乡侯张飞的像，今塑像无存，像何时立、何时废，无从考证。1979年，良乡塔被公布为北京市重点文物保护单位。

（本文资料主要引自《良乡县志》）

2009年7月26日

一枝塔影认通州
—— 记燃灯佛舍利塔

呼怡

站在通州运河文化广场上，首先扑入视野的便是燃灯塔，尽管四周高楼林立，它依然显得那样俊秀挺拔，不禁使人想起清代诗人王维珍的诗句："云光水色潞河秋，满径槐花感旧游。无羔蒲帆新雨后，一枝塔影认通州。"这首《古塔凌云》诗，是清代诗人王维珍乘船至通州时有感而发的，诗中的"塔影"指的就是通州的燃灯塔。

燃灯塔，全称燃灯佛舍利塔，因塔前供奉燃灯佛像而得名，现位于通州区西海子公园内，通州当地人亲切地称之为"通州塔"，是京杭运河北端终点的象征。其为八角形十三层砖木结构密檐式实心塔，高56米，基围38米，由须弥座、塔身和塔刹组成，塔身八面均有精美砖雕，造型优美，气势巍峨，名冠幽燕，构成了"通州八景"之一的"古塔凌云"，明代诗人王宣曾用"冰虬峭立依云霄，云际层峦势比高。一柱界空分晓色，八窗飞雨响秋涛"的诗句来形容这种巍然屹立的景象。燃灯塔距离运河百余米，塔影垂映河中，与水色交融，异常秀美，当年乾隆皇帝泛舟河上，见此景亦写下了"郡城塔影映波尖"的诗句。塔身的每根椽头都悬有一枚精致的铜铃，重一斤左右，多为桥纽圆肩喇叭口；每角的老梁下各挂有两枚，比椽头的稍大，重达二斤，多为连弧口；塔上铜铃共有2248枚，数量之多，令人叹为观止；每个外表都镌刻"信男信女"的姓名，有的还附写小诗、祝语和年号，微风拂过，铜铃便会铮铮作响，不经意间又为宝塔平添了丝丝的韵味。

关于燃灯塔的具体建造年代，古民谣曰："先有通州塔，后有通州城"，这已无从考证，据《北京志·建筑志》记载，燃灯塔为辽代建筑，具体建筑年代无定考，历代均有所修缮；《通县志》则说为北周创建，唐贞观七年（663）修，辽重熙年间重建，元明清屡修。塔身砖制碑记镌的七言律诗曰："巍巍宝塔镇潞陵，层层高耸接青云。明明光景河中现，朗朗铎音空中鸣。时赖周唐人建立，大清复整又重新。永保封疆千载古，万姓沾恩享太平。"据此后人多认为此塔建于北周，但塔旁的一块石碑明确记载，当时所建的并不是舍利塔，而是镇水土塔，辽代在其旧基重建砖塔，放置燃灯佛舍利子，一方面颂扬国威神治，另一方面用以镇水而保佑漕运。关于塔中舍利子，清康熙十八年（1679），燃灯塔因强烈地震倒塌，有人曾看见在断井颓垣间散落着数百颗舍利子，如小米大小，颜色淡黄微红，晶莹剔透如同珍珠，后被捡起存放于佑胜教寺中，重建时又被放入塔的天宫里（参考康熙《通州志》），现已轶散。在漕运兴盛时期，船过沙古堆村时，有"三望通州塔"之说，船行运河中，几十里外就能看见燃灯塔，看见燃灯塔就离通州不远了，千里行程便有了一个停泊的彼岸。由此可见，古塔在当时，俨然如一座灯塔，确实起到了指引航向的作用。

通州燃灯塔（摄影：赵信儒）

然而，燃灯塔留存至今，确实经历了多次修葺，大的整修就有两次：一是康熙十八年（1679）通州发生强震，燃灯塔塔身尽圮，康熙三十五年（1696）重建；一是1976年的唐山大地震波及通州，虽然塔身未倾，但出现了几道纵缝，1985年政府对之进行了修缮。也正是因为历代的维修和保护，才使得其矗立至今，并于1982年被公布为"北京市文物保护单位"。

停靠在通州码头上的漕船（摄影：郭晓钟）

现在的燃灯塔，已不再是王维珍诗中"认通州"的航标，四周早已被高楼大厦所包围，但她仍然是历史变迁的见证和通州重要的文物景观。无论人们在西海子公园中晨练，还是散步于运河文化广场，不经意间便可捕捉到宝塔巍然高耸的身影，聆听到清脆悦耳的铃音，这座历经千年的古塔，至今依然陶冶着人们的情操，给人们带来美的享受。

古塔屹立千年，成了世世代代通州城的象征，至今依然备受人们青睐，这不仅仅是因为她传承着千年建筑的文化元素符号所折射出的物质形态价值，更重要的是历代史志书籍中详实可靠的文字史料记载，使其自身浓缩成了一段厚重的演变史乃至运河兴衰史，供后人学习、研究、品味和瞻仰，从而为当代人的生活元素中融入了几分古老文化的遗韵，散发出了精神文化价值的光芒！

（本文资料主要引自《北京志·建筑卷·建筑志》）

2011年9月27日

探古轩辕庙

高文瑞

到平谷渔子山，定要去轩辕庙。轩辕是黄帝的名，本姓公孙，因有"土德之瑞"，土为黄色，故称黄帝。身为炎黄子孙，不能忘祖。

轩辕庙在渔子山，志书上载，此山"冈阜隆然，形如大冢"。远望，确是圆圆的山形。山北紧靠连绵的山峰，地势良好。好的地方有很多，为何轩辕庙建在此地？《长安客话》上载："世传黄帝陵在渔子山，其下旧有轩辕庙。"原来，因传说有陵，才建了庙。

不禁令人产生疑问，黄帝陵几个省份都有，约7处之多，一般认为在陕西，到底依从哪个？寻根，追查《史记》，上面说得很明确："黄帝崩，葬桥山。"桥山又在哪里？对于种种疑问，古人曾做过有益的探索和考证。

朱彝尊关注过此事。他在所著《日下旧闻》中，列举了几种说法：地理志上说在"上郡同阳县"，括地志上说在"宁州罗川县东八十里子午山"。因此，一些人怀疑，渔子山的黄帝陵可能流传有误。不过朱彝尊认为：既然黄帝建都城在涿鹿，距离不远，葬在这里也有道理。另外还有一种可能，黄帝的衣冠冢可能有多处。当年汉武帝巡视北方祭祀黄帝后问：听说黄帝不死，为什么会有陵墓呢？公孙卿回答说："黄帝已仙上天，群臣思慕，葬其衣冠。"

既然是对原书的补充和考证，这等大事，后来的于敏中没有回避。他在所著《日下旧闻考》中，又做了进一步的考证，认为黄帝葬于桥山是

平谷轩辕庙（摄影：高文瑞）

实，只不过桥山有多处，而且历史上多个皇帝在不同的地方祭祀过黄帝。比如汉武帝到过上郡的桥山、北魏明元帝到过涿鹿的桥山、北魏太武帝到过妫州的桥山等。如果朱彝尊的假设成立，也可能葬在妫州，那里离都城不是更近吗？所以他认为，还是要以《大清会典》为据，祭轩辕陵，"本朝仍旧制在今陕西鄜州之中部县境"。后来的《光绪顺天府志》中在记黄帝陵时，也引用于敏中的观点。至此，以后的补充和考证没再引用。同属大清一朝，搬出法典就够了。

黄帝陵虽无充足的依据，渔子山的传说却不是子虚乌有空穴来风。黄帝在京都北部一带肯定留下过足迹，产生过影响，比如黄帝战蚩尤就在"涿鹿之野"。《长安客话》上说："涿鹿山在城西，黄帝破蚩尤之所。"文天祥有《过涿州》一诗："我瞻涿鹿野，古来战蚩尤。轩辕此立极，玉帛朝诸侯。历代迁关河，雁风吹寒秋。迩来三百年，王气钟幽州。"

同样好追根求源的孙承泽在《天府广记》中也记述了渔子山：上有大冢，旧传有黄帝陵，上有轩辕台，下有轩辕庙。同时还记下"旧传黄帝尝

轩辕庙内正殿（摄影：高文瑞）

问道于崆峒"。崆峒山虽非一处，而书中所指则在蓟州城东北5里。盘山在蓟州城西北25里，平谷又在盘山西北，因此以前也称盘阴。渔山在蓟州城西北3里，因在渔山南面，故此地称渔阳。志书上称渔阳为古郡，蓟州城也是古城。蓟州城曾是渔阳郡治所在。秦汉以前，这一带包括平谷、密云等地都曾隶属渔阳郡。古城古郡古到何时，不好确定。有观点认为，渔阳古城的历史，可追溯到黄帝时代。相传，黄帝迁居北方后，他的一个部落来到这一带定居。之后，这里的先民开始取土垒城。

从都城涿鹿至古城渔阳不过几百里，崆峒山距渔子山也只几十里，距离并不遥远，属黄帝正常活动范围。孙承泽在此还引用了唐代诗人陈子昂《轩辕台》一诗："北登蓟丘望，求古轩辕台。应龙已不见，牧马空黄埃。尚想广成子，遗迹白云隈。"蓟丘的位置也有不同观点，而诗人不论何处登高，所望在于搜寻遗迹，广成子曾在崆峒山学道，抒发黄帝向他"问道"的怀古之情。

轩辕庙建在渔子山下的小山上，当地人俗称庙山，地图和县志上并无此名。山旁就是山东村。关于黄帝陵，村里人确有许多传说，而且认为就在这里，陕西的才是衣冠冢。问起轩辕庙，更是滔滔不绝。解放前存有旧庙，日本鬼子在庙里驻扎过。那时，他们在山下挖过壕沟，防止老百姓给八路军运送物资。山是孤山，地势又高，下望三面，犹如炮楼，一目了然。

旧轩辕庙有大殿三间。日本鬼子走后，村里人怕小日本儿再回来，就把大殿炸了，只存山门。村里人还说，山门是在解放前后逐渐风化而拆掉的。庙里当年有一棵槐树，要近两人才能抱过来，算是老树了，上挂一大钟，可能时间久了，树长空了，渐渐枯死了。

近些年重视文化，村里人把轩辕庙重新建起，比当年更具规模，面积大了一倍多，大殿也建成五楹。尤其山门，修得高大壮观，颇有汉代建筑的风格。村里人还把能找到的旧物全都保存起来，有建庙用过的砖、瓦当、残碎石材等。相对完整的当属石碑。碑身已无，碑首放在配殿里，上面隐约看出重修轩辕庙的字样。根据上面的篆字，村里老人认定，碑是汉代旧物。不论此说是否有据，从放置院落中的碑座看，已经风化得很严重，表面粗糙，无平滑之处，只有底部还能隐约看出雕刻的花纹，年代不会近。平谷在汉代设县，不知是否会受影响。人们的文物意识确实强了。

黄帝的活动范围遍布中华，创造了中华文明，品德更是"仁化广及"。中华民族用多种形式祭祀祖先，也是不忘根本。

（本文资料主要引自《平谷区志》）

2009 年 7 月 26 日

三座门内的皇家御用道观

王铁鹏

在故宫筒子河北岸，景山西侧，北海东侧，有一组建筑，正门为卷洞式琉璃门，基座为青白石须弥座，中门左右护有汉白玉石栏杆，老北京俗称三座门，这就是京城有名的大高玄殿。

大高玄殿始建于明代嘉靖二十一年（1542），迄今已有460多年历史。《燕都丛考》记载："大高玄殿，明世宗斋醮之所也。"《续文献通考》记载，明世宗嘉靖二年（1523）四月，太监崔文等在钦安殿修设醮供，请世宗拜奏青词，大内建醮就此开始。其后，把醮供移到元极宝殿，奉祀上帝，举行道教的各种活动。

明世宗朱宽熜躲在宫内建坛设醮，炼丹服药，祈求长生，数十年不上朝，使得后世的史书把他称为"道士皇帝"。在明世宗居住西苑（今北海）后，很少进入大内，所以嘉靖二十一年（1542）又建大高玄殿，供奉玉皇大帝和三清像，有祷必至。大高玄殿之东北有象一宫，供奉象一君，塑的是世宗自身的容貌，可见他信奉道教已经到了如醉如痴的程度。

《日下旧闻考》还记载了与大高玄殿有关的一段故事：明世宗宠幸的郑贵妃恃宠而争，非要将自己所生的皇三子立为太子，叫世宗专门到大高玄殿"行香设密誓，御书誓词，缄玉盒中，存贵妃所"。后来世宗还是听了皇后的话，最终立皇长子为太子，避免了一场争储内乱。但是自此之后，世宗再也没有进入过大高玄殿。他去世后不到一月，多数道宫均被

大高玄殿（摄影：王铁鹏）　　　　　　　乾元阁（摄影：王铁鹏）

毁弃，只有大高玄殿和光明二殿保留下来。

清代因避康熙皇帝玄烨的名讳而改为大高元殿，后又更名为大高殿。清代同样相信道教的雍正皇帝，于雍正八年（1730）重修了大高玄殿，乾隆十一年（1746）、嘉庆二十三年（1818）再次重修。以后的皇帝不大信奉道教，因此香火日渐衰落。

大高玄殿的格局现在还保存完好，是国家级重点文物保护单位。据《北京志·建筑志》记载，殿坐北朝南，南北长264米，东西宽57米，占地面积近1.5公顷，现存古建筑约1600平方米，基本上保持了原建风格。走进大高玄殿正门（俗称三座门），仍然是三座门（俗称二门），二门和正门很相似，门面阔三间，黄琉璃瓦单檐歇山调大脊，两边各辟角门。门内东西有钟鼓楼，均为方形平面，两层，黄琉璃瓦歇山顶，其内钟、鼓亦于八国联军侵入北京时失落。

门后就是大高玄殿的正殿——大高玄殿。大高玄殿面阔七间，黄琉璃瓦，重檐庑殿顶，座为青白石须弥座台基，围有汉白玉石栏杆。殿前为月台，正面踏跺三出，中有云龙丹陛，保存完好。大高玄殿内原供奉有三清像，已被迁出。

大高玄殿后为九天应元雷坛，为单檐庑殿顶，面阔五间，绿琉璃瓦黄剪边，绘旋子彩绘。坛前有月台，围有汉白玉石栏杆。殿内原供奉有真武大帝，已无。九天应元雷坛后为大高玄殿最后一组建筑，也是最让大家熟知的一组建筑，象征天圆地方的两层楼阁——乾元阁，圆攒尖屋顶，

南牌坊（摄影：王铁鹏）

覆以蓝琉璃瓦，象征天；下为坤贞宇方形，覆以黄琉璃瓦，象征地。乾元阁原供玉皇大帝，是清帝祈雨之所。现玉皇大帝像已无，只留下一个空空的架子。乾元阁顶的藻井相当精美，中间是一条腾云驾雾的巨龙，周围则是围绕一圈小龙，足以显示大高玄殿的尊贵和皇家气派。

明代刘若愚《芜史》记载，大高玄殿的前门叫始青道境，左右有两个牌坊。雍正八年（1730）重修大高玄殿时，增建了一座南牌坊，这座牌坊的与众不同之处，在于它的坊柱入地极深，因此没有在牌坊两侧起支撑加固作用的戗柱，当时在北京众多的牌楼中独此一座，还由它的独特产生了一句歇后语，即"大高玄殿的牌坊——无倚无靠"。

（本文资料主要引自《北京志·建筑卷·建筑志》）

2010年3月8日

乾隆年间的藏式姊妹建筑

袁长平

乾隆四十三年（1778），六世班禅得知乾隆皇帝要举行七十大寿庆典的消息，主动请求进京参加庆典，并委托挚友章嘉呼图克图必多吉向乾隆皇帝奏报："班禅额尔德尼欲来京朝觐大皇帝"。乾隆皇帝得知后十分高兴，立即下令："过两年，朕七十万寿，请他到热河相见。"

乾隆皇帝考虑到承德、北京气候较西藏炎热，为了给六世班禅大师避暑，特下谕旨在承德修建须弥福寿之庙；在北京西郊香山静宜园修建班禅行宫——宗镜大昭之庙。北京西黄寺为班禅冬季驻锡之地，香山的宗镜大昭之庙为班禅夏季驻锡之地，世人皆又称"班禅行宫"。

承德须弥福寿之庙是仿效六世班禅在西藏日喀则住所扎什伦布寺形制而建，占地近六十亩。"须弥福寿"，是藏语"扎什伦布"的汉译；"扎什"，意为"福寿吉祥"，"伦布"是须弥山；"须弥福寿"意为"吉祥的山"。

香山宗镜大昭之庙与承德须弥福寿之庙是出于同一目的，是同时建于异地的姊妹建筑。其目的有二：一是为了嘉奖班禅远道来给皇帝祝寿倾心内附之诚意；二是为了显示"我中华之兴黄教也"。

香山宗镜大昭之庙与承德须弥福寿之庙不同之处是：须弥福寿之庙红台在前、白台在后，布局与西藏扎什伦布寺相似。而香山昭庙设计布局则以佛教时轮金刚曼荼罗坛城为设计参考，殿宇名称也基本相同，如红台大圆镜智、成所作智、妙观察智、平等性智四智殿，其前面白台清净法

清乾隆时期宗镜大昭之庙盛况图（供图：袁长平）

智则出于时轮金刚坛城的第二层语觉悟坛城特性之"清净"的特质，取名宗镜大昭之庙亦含有与西藏大昭寺相似的含义，公元7世纪大昭寺的修建中首先应用了曼荼罗艺术。

宗镜大昭之庙坐落于香山静宜园别垣中部山麓，原为皇家鹿苑，鹿苑本仙区。昭庙主要建筑包括由方河、石桥、清净法智殿、三门琉璃坊、大白台、井字形重檐碑亭、大红台、都罡正殿、七层万寿琉璃塔组成，是一座藏汉混样式的大型喇嘛庙；占地9100平方米，原建筑约15330平方米。庙宇四周古松环围，西靠青山，东临绿水，北南翠壑流清；其建筑群坐西向东，由低到高，建筑布局有一条明显的中轴线。

昭庙门东向，穿过月河上石桥，迎面高台为一座四柱三间七楼，长27米的五彩三门琉璃牌楼，汉白玉石基座和券门，琉璃砖瓦的枋柱和枋顶，雕刻着彩色龙纹图案。琉璃牌坊在昭庙前的石台上，由黄绿两色琉璃瓦装饰而成，显得庄严华美。牌坊上题"法源演庆"、"慧照腾辉"等匾额。其后由大白台、清净法智殿、井字形重檐御碑亭、大红台、都罡正殿、七层万寿琉璃塔组成。

庙之西端妙观察智殿后岗上，建有一座八角琉璃万寿塔，塔顶覆以黄琉璃瓦，结构玲珑，色调古雅，台基为汉白玉雕刻成，上装石栏杆，南北各设踏步。塔身为八角形，由绿琉璃砖砌成，饰以精致的佛龛。整座佛塔结构精美，色调绚丽华美。佛塔矗立在翠绿山谷之中，在蓝天白云古松的衬托下，宛似佛国图画。

宗镜大昭之庙凝聚着藏汉民族宗教建筑艺术特色，充分昭示着汉、藏两族文化交融的艺术成就，尽现出气魄恢宏的皇家气派，堪称金碧辉煌、美轮美奂。

咸丰十年（1860）九月初五、初六日（10月18、19日），昭庙被英法联军劫掠焚毁。

（本文资料主要引自《香山公园志》）

2010年4月12日

昭庙外景一角（摄影：郭晓钟）

乾隆与六世班禅在昭庙

袁长平

六世班禅抵达北京之前，乾隆皇帝早已为他装修好了京城安定门外西黄寺，在香山静宜园内的鹿苑之地为其修建了藏式夏季驻锡地，并命名"宗镜大昭之庙"。六世班禅到达北京后，受到隆重接待，乾隆皇帝第一时间在南苑接见了他，并数次在紫禁城内会见他，多次赏赐礼物，并在保和殿赐宴，欣赏舞蹈。

六世班禅在香山静宜园的昭庙逗留了四天，乾隆皇帝亲自与六世班禅共同出席昭庙开光大典。同时，六世班禅一行还游览了碧云寺、法海寺等地，进行了一系列的佛事活动。

据史料记载：乾隆四十五年（1780）九月十七日，六世班禅到达香山静宜园昭庙，同皇六子、章嘉呼图克图、敏珠尔呼图克图及内务大臣等人共同用茶交谈。班禅大师在昭庙主殿释迦牟尼佛像前登上狮子宝座与章嘉呼图克图、敏珠尔呼图克图等大喇嘛及23名仲科、200余名各寺僧人一起以吉祥金刚大威德方式为佛殿塔像举行开光仪式准备，并开始诵经。

九月十九日，清高宗乾隆皇帝谒陵后返京驾临昭庙，六世班禅迎驾，乾隆皇帝亲自与六世班禅共同出席昭庙开光大典。

在昭庙开光大型法会上，大师率众诵吉祥词并散花祝福。乾隆帝在释迦牟尼佛像前赠给班禅大师金如意、金手杖、珍宝饰品、羊脂五香炉、壶盖、七勇士图案之钵、金丝长腰袜及绸缎等物品；班禅大师向乾隆皇帝

昭庙的琉璃牌坊（摄影：郭晓钟）

回敬了佛像、袈裟等礼品，君臣双方畅所欲言。此时，天降绵绵细雨，奇相多显，宛似天花坠落，面对此情此景，乾隆皇帝特赋《昭庙六韵》诗一首，诗云：

> 昭庙缘何建？神僧来自遐。因教仿西卫，并以示中华。
> 是日当庆落，便途礼脱阇。黄衣宣法雨，碧嶂散天花。
> 六度期群度，三车演妙车。雪山和震旦，一例普麻嘉。

"黄衣宣法雨，碧嶂散天花"中的"黄衣"即指六世班禅大师，在他与乾隆皇帝主持昭庙开光典礼时，天本晴朗，却忽然下起微雨，被称为是"散天花之喜"。"雪山和震旦，一例普麻嘉"，"雪山"指西藏；"震旦"指中国，这是古印度对中国的称呼，意为"太阳升起的地方"。这两句诗说西藏是中国不可分割的一部分，共在一个政权的保护之下，或共同庇护于一片天地中。

2009年清理出琉璃建筑件莲花托宝剑（摄影：袁长平）

2009年清理出琉璃建筑件宝相花（摄影：袁长平）

此诗及诗注以满、汉、蒙、藏四体文字于九月镌刻在一座高5.2米"工"字形诗碑上，立在清净法智殿前的天井中。诗后署"乾隆庚子季秋之月中浣御笔"，钤"古稀天子之宝"等印章，同时建造了八方重檐御碑亭，成为宗镜大昭之庙建筑群中重要的组成部分。

如此气势宏伟华贵无比金碧辉煌且凝聚着民族团结、国家统一和各民族文化交融的纪念性建筑，于咸丰十年（1860）九月初五、初六日（10月18、19日），同静宜园一起惨遭英法联军劫掠和焚毁，陈设器物荡然无存，仅留有琉璃牌坊、四个幡杆石座、白台、红台基础、御碑一座（碑亭已毁，基础尚存）和七层琉璃塔一座。

（本文资料主要引自《香山公园志》）

2010年4月19日

昭庙劫状

袁长平

1860年英法联军在火烧圆明园的同时，洗劫焚毁了香山昭庙，侵略者的罪行被当年一位英随军牧师莫·格赫的文字记录在案："我因为职务的羁绊，当这件焚毁工作开始的头一天我不能到场观看，有一两师军队散在乡间，放火燃烧，四个皇家花园中的一切宫殿，从圆明园开始，其次，转向西边的万寿山、静明园（玉泉山），最后轮到香山（静宜园）。次日清晨八点钟，我到达圆明园。从园内带着芬纳和普罗宾的马匹……到香山去。……一条石砌的道路，环绕着一座高墙，从墙隅的地方转弯过去，就有一片浓密的烟雾弥漫在我的前面，而且威风赫赫的烈火，在烟雾的顶上，发出熊熊的火焰，简直高出树梢好几尺。一座庙宇，这并不是一所房子，却包括着一群分列的建筑物，环绕着一个大的神龛，也正熊熊地燃烧着。火焰散开去，焚烧掉里面和环绕着的高可参天的树木。这些树木……差不多有好几百年了。庙内描金的栋梁和五光十色的琉璃瓦……一切，一切，都被这吞灭所有东西的烈火毁坏了。""那天我们所走到的最辽远的地点，且为皇家花园的尽头……军队暂停此处，约一小时左右，各师队伍接受米启耳将军的号令……命令发下之后，不久就看到重重烟雾，由树木中蜿蜒曲折，日光之下，光芒闪烁。鳞鳞屋瓦，构造奇异的形状，只有中国人的想象力才能构思出来的。顷刻功夫，几十处地方，都冒出一缕一缕的浓烟密雾来。……不久，这一缕一缕的烟，聚成一团一

1860年被英法联军焚毁后的宗镜大昭之庙
（供图：袁长平）

团的烟，又集合为弥天乌黑的一大团，万万千千的火焰，往外爆发出来，烟青云黑，云蔽天日。所有庙宇、宫殿、古远建筑，轮奂辉煌，举国仰为神圣庄严之物，和其中历代收藏……都一齐付之一炬，化为劫灰了。……从今以往，数千百年为人所爱慕的崇构杰制，不复触到人类的眼帘了。这些建筑都足以表彰往日的技术和风格，惟一无二。世上没有什么东西可和它们比拟。……当我们回来的时候，芬纳带着一两队骑兵，绕行一周，将我们进行时忽略过去的那些外面的建筑，也都一齐架火燃烧。我们回到圆明园以后，才知道第六十队的来福枪士兵和旁遮普士兵，已经将他的时间利用得极其巧妙，所焚烧的区域宽阔而且遥远……自那座正大光明殿，以迄大门中间，所有建筑尚屹然存在，未付焚如。因为军队驻扎其中，故迟迟有待。时已三点钟，我们应须整队开回北京，乃发布命令，一并焚毁。刹那之间……这座正大光明殿熊熊燃烧起来。庄严华贵之区，且曾为高贵朝觐之殿，经此吞灭一切的火焰，都化为云烟了。"

根据乾隆四十八年（1783）奏案显示："宗镜大昭之庙陈设铺垫、佛像供器等19953件，通计36555件，内金银珠玉佛像塔龛供器陈设1053件，瓷铜佛像塔龛供器陈设16162件，匣盒45件内盛小玉玩215件，御笔及臣工字画匾对法帖书籍册页挂轴经卷陈设5593件，如意痰盆冠架扇子铺垫毡帘龛案桌张以及漆木铜锡等杂件项陈设13704件。"其殿内的陈设数量、种类更是叹为观止。这些数以万计的财宝文物尽为劫掠焚毁。

（本文资料主要引自《香山公园志》）

2010年4月16日

六世班禅圆寂黄寺

袁长平

班禅大师在藏传佛教界被认为是无量光佛的化身。康熙五十二年（1713）特派大臣至扎什伦布寺封五世班禅罗桑意希（1663—1737）为"班禅额尔德尼"，并赐金册、金印、印文为"敕封班禅额尔德尼之印"。额尔德尼为满语，意为"宝贝"，从此，成为班禅大师转世系统的正式名称。这也是班禅大师转世系受清政府正式册封的开始，以后历世班禅大师均由中央政府册封成为定制，享有很高的宗教和政治地位。

乾隆四十四年（1779），为进京给清高宗祝寿，六月十七日六世班禅率领甘丹、哲蚌、色拉三大寺堪布喇嘛及随行人员、马队2000多人从扎什伦布寺出发，东渡通天河、黄河，翻越终年积雪的大雪山，横穿戈壁沙滩，历经一年又一个多月，于乾隆四十五年（1780）七月抵达承德，并在避暑山庄"澹泊敬诚殿"得到乾隆隆重接见。

六世班禅参加了乾隆皇帝的七十大寿庆典的全部活动，由于在客人中他的级别最高，常常处在"代表者"的地位，领头向皇帝致颂词、念无量经、献珍宝书画，并给皇帝施无量佛大灌顶。六世班禅在承德呆了一个多月，过得非常充实，得到乾隆皇帝大量赏赐。

乾隆四十五年（1780）八月二十五日，六世班禅离热河经古北口至北京，由皇六子和章嘉国师陪同游览圆明园、大钟寺、清漪园、香山静宜园等地，为殿堂、园林、寺院开光加持。

西黄寺清净化城塔（供图：郭晓钟）

十一月初三日戌时，六世班禅在北京黄寺因患天花治疗无效而圆寂，享年42岁。班禅遗体在黄寺停放了6天，供各界人士和佛教徒瞻仰。六世班禅的去世让乾隆皇帝极度悲伤和惋惜，曾三次亲临西黄寺吊唁，赐制灵棺、灵塔、灵龛，供养大师法体和衣冠。大师的法体舍利在西黄寺供养100天后，起程护送返回后藏扎什伦布寺。

六世班禅额尔德尼是中国历史上西藏地方有政治远见且杰出的宗教领袖之一。他一生有三件事为史家所称道：一是对八世达赖嗽嘛的培养。达赖喇嘛成年后，又与他进行了很好的合作，使西藏社会在当时外敌觊觎、内部矛盾加剧的情况下得以平稳过渡。二是六世班禅注意到英国殖民主义者有意插手西藏，多次拒绝英人入藏、签约的要求，坚持统一立场，反对分裂。并明确指出西藏是中国领土，在中国大皇帝管辖之下，西藏的一切要按中国皇帝的圣旨办理。三是跋山涉水，千里迢迢前往承德、北京朝觐乾隆皇帝祝贺七十大寿的壮举，成为他爱国一生的光辉顶峰，为中华民族大团结的历史写下了闪光的一章。对维护国家主权和领土完整，促进中国各民族团结起到了重要的作用，以此向世人重申：西藏是中国领土不可分割的一部分。

（本文资料主要引自《香山公园志》）

2010年5月10日

京西北惠济庙

杨博贤

北惠济庙建成于雍正八年（1730），它是永定河最大的河神庙。

雍正皇帝大兴土木建庙的目的，首先在于敬神。他在《永定河神庙告成祭文》中说，"朕注心河务，礼敬神明，远筹捍御之宜，备举尊崇之典。""朕思石景实处上游，宜建庙以安神，命河臣而度地。冈峦拥卫，控金堤而制洪流；栋宇辉煌，驻云旗而回巨浪。肃将祀事，祗告落成。惟神鉴歆，永垂庇佑。安澜奏绩，俾庐井之恬熙；润下成能，享春秋之祈报。"

其次在于记载康熙皇帝治理永定河的功绩。他在亲撰的《石景山惠济庙碑文》中说，"永定河，古所称桑干河，出太原，经马邑，合雁云诸水，奔注畿南。发源既高，汇流甚众，厥性激湍，数徙善溃。康熙三十七年，我皇考圣祖仁皇帝亲临指授疏导之方。新河既潴，遂庆安澜，爰锡嘉名，永昭底定。立庙卢沟桥北，题额建碑，奎文炳耀，河神之封，实自此始。"为纪念康熙帝的功绩，他还命人修缮了南惠济庙，"复以卢沟神庙，皇考圣迹所在，载加崇饰，丹镬唯新，并增建杰阁，翼如焕如，称朕敬神惠民之意。"

第三，在于督导河务，加固堤防。据《永定河志》载，自康熙三十一年（1692）到康熙六十年（1721），康熙皇帝关于治理永定河的诏书共有8道，雍正皇帝在位14年，下达治理永定河的诏书就有11道。可见他对治理永定河的重视程度更甚于其父。雍正三年（1725），他对治理永定河还

北惠济庙雍正御碑亭（摄影：官庆培）

很忧虑，称"直隶地方向来旱涝无备，皆因水患未除，水利未兴所致。朕宵旰轸念，莫释于怀"；第二年得知怡亲王允祥等督率官员兴修水利已见功效，尤其看到"夏秋以来，地方悉无水患，而新种稻田又皆收获"，"心深为慰悦"，并提出"其在工人员，或于此时议叙以示鼓励，或俟工程告成之日议叙"的意见。

雍正皇帝在其所撰《石景山惠济庙碑文》中，也没忘记表白自己的治河功绩，说他更加重视永定河的河务，不仅设立专门的官员管理，而且由国库拨专款维修，结果"比年以来，永定河安流顺轨，无冲荡之虞，民居乐业，岁获有秋"。这也不完全是自夸。事实上，他的确对永定河河务提出许多十分具体的意见，而且督促落实，成效显著。直到雍正十三年（1735），他还在念念不忘，继续提出很好的意见。

历史上，有些人对雍正提出许多非议，但从他领导治理永定河现存的历史资料看，应算得上是一位勤政的好皇帝。

主持修建北惠济庙的是和硕怡亲王允祥，他"躬往营度，得地庞村之西"，选的庙址"长河西绕而南萦，峰岭北纡而左鹜"，"控制形胜，负山

乾隆御笔碑额（摄影：官庆培）

临流"，为此是下了一番功夫的。

　　允祥是雍正的得力助手，工部应在他的治下，全国的河务都得操心。他认为"石景山堤口当永定河之上游，作京师之保障，所关最为紧要"，因此，事必躬亲在情理之中。事实上，允祥在雍正年间为治理永定河不仅提出许多好的建议，而且做了许多实实在在的事情，是一位具有杰出贡献并令人崇敬的人物。

　　《永定河志》记载的河神庙有20余座之多，但像北惠济庙这样"殿宇崇严，规制宏敞"的极为罕见。当时的北惠济庙坐北朝南，由三进院落组成。现虽然仅存一座碑亭和一株古柏，留存在首钢制氧厂内，但仍可见证清代前期大力治理永定河的历史功绩。

（本文资料主要引自《永定河志》）

2009年11月22日

康熙与南惠济庙

杨博贤

永定河之称谓始于康熙朝。康熙皇帝勤政，为人所共知；康熙皇帝大力治理浑河，将"无定河"改名为"永定河"，亦见诸史册。

康熙帝观永定河水势，是在他25岁那年。康熙十七年（1678）五月，康熙帝登石景山，观浑河水，在山上小住两日。

康熙皇帝明确提出彻底根治浑河的意见，于康熙三十一年（1692）初便有记载："浑河堤岸久未修筑，各处冲决……，为民生之忧。可详加勘察，估计工程，动正项钱粮修筑。不但民生之忧，永远有益，贫民借此工值，亦足以养赡家口。"将治河视为国计民生，不惜帑银，是很有些远见的。

大力治理永定河起于康熙三十七年（1698），可见二月谕内阁旨。旨曰："霸州、新安等处，此数年来，水发时，浑河之水与保定南之河水，常有泛涨，旗下及民人庄田皆被淹没。详询其故，盖因保定府南之河水，与浑河之水汇流于一处，势不能容，以致泛滥。""此二河道，着左都御史于成龙前往；保定府南河，着原任总督王新命往。""今值农事方兴，不可用百姓之力。遗旗下丁壮备器械，给以银米，令其修筑。"

工程自康熙三十七年（1698）三月始，竣工于五月。"计里，延袤二百有余，广十有五丈。""汤汤之水，湍波有归，横流遂偃。嘉此新河，既潴既平。""自今蓄泄交资，高卑并序，民居安集，亦克有秋"，"用是锡河名曰永定，封为河神"，并"立庙于卢沟桥北"，称惠济庙。为与雍正年间建的北惠济庙相别，后称为南惠济庙。"新庙奕奕，丹艧崇饰。更颁翰墨，大书匾额，以答灵贶。"

封建王朝沿永定河建河神庙，不是自康熙朝始。据《永定河志》记载，"卢沟之有河神祠，自金大定十九年（1179）始。册封'安平候'，春秋庙祭如令。""元至元六十年（1279），进封'显应洪济公'。明正统二年（1437），建河神庙于固安堤上。"不过那时不叫"永定河"，而称卢沟或浑河。如前所述，"永定河"河名为康熙三十七年（1698）由康熙皇帝所赐，南惠济庙应是为永定河神建的第一座庙寺。

康熙皇帝爱惜民力，知道治河之时农忙初起，提出不用百姓之力，但民众仍踊跃参加，"庶民子来，畚锸去集"，他知道后，还是很受感动。康熙皇帝建庙的目的，既有敬神的一面，更有"纪兹实事，监于后人"的意义。为的是告诫官员"俾之水利有必可兴，水患有必当去，而勤于民事，神必相之。以劝我长吏，凡一渠一堰，咸所当尽心"。

（本文资料主要引自《永定河志》）

2009年11月29日

金山口景泰陵

高文瑞

孤独的景泰陵

明英宗朱祁镇登基不久，景泰八年，被废的代宗皇帝朱祁钰重病在身，悔恨交集，死于西内，按亲王礼仪，葬在了西山的金山口，安排"给武成中卫军二百户守护"。朱祁钰作为亲王，陵墓与帝陵差着等级。这里的山势环境虽好，无论高度形制等都无法与天寿山相比。陵前坑洼不平，树多是白杨和臭椿。至明末清初时，树已很粗大，20丈高，三四个人也抱不过来。

对于朱祁镇的做法，朝野上下多有议论。屈于舆论的压力，到了明宪宗成化十一年十二月，《明宪宗实录》载：宪宗朱见深命令恢复朱祁钰皇帝称号，并解释说：朕的叔叔登基时，国家正处在危难之中，最后终于转危为安。然而就在他重病后，是奸臣贪功生事，去掉了皇帝的称号。先帝也认识到了这一点，深怀悔恨之意，先后把奸臣正法。朕继承大业后，把此事跟太后说过，皇太后也同意恢复朱祁钰的皇帝称号，认为那也是当初先帝的本意，最好尽快操办。

于是，重新整修了景泰陵，扩大了规模，建有享殿、神库、神厨、宰牲亭、内官房等，还在门左建起碑亭。祭祀也参照长陵、献陵皇帝的标准，改少牢为太牢，用牛、羊、豕三牲祭祀。但景帝陵没有宝城，也无明楼，

景泰皇帝陵碑（摄影：高文瑞）

只有碑亭。

后来到了嘉靖年间皇帝祭祀十三陵毕，特意绕道金山口，拜谒景帝陵，看到当初建陵时用的是给亲王或妃子的碧瓦，便命令换成皇帝专用的黄瓦，又对礼部尚书夏言说：景皇帝陵的碑亭建在了门左，这样不对，应该建在陵门之外，大门之内，这样才称得上尊敬，附合规制。嘉靖二十一年，改建了碑亭。碑亭里面竖立着石碑，碑阴刻着改封后的谥号"恭仁康定景皇帝"。碑阳刻着清乾隆三十四年御制题明景帝陵诗及序和跋语，对二位皇帝的那段特殊历史作了客观的评价。

试想，兄弟二人假设能相互敬让一步，将会出现另外一种局面，只可惜都向前多争了一步，弄出这样的结果。景帝任用于谦，力排众议，坚决抗击，对于明朝是有功之举。至于"软禁"英宗，有贪国之心，最后被葬金山，自食其果。而英宗不识于谦的用意和事态结果，错杀有识之士，更是糊涂，不明事理。这样的人在那种情境之下没有亡国，真算明朝的万幸。正如乾隆皇帝题的那首诗："迁都和议斥纷陈，一意于谦任智臣。

挟重虽云祛恫喝，示轻终是薄君亲。侄随见废子随弃，弟失其恭兄失仁。宗社未亡真是幸，邱明夸语岂为淳。"

建文帝墓葬之谜

金山口这片皇家墓地有一桩奇事。据说埋葬着明代第二个皇帝朱允炆，因年号建文，习惯称为建文皇帝。

事情还要回到明初。朱棣"靖难之役"，攻入南京，朱允炆便在宫内自焚。有书记载，有人从火中取出了尸体，7天后，举行了葬礼，还有人请示以天子礼下葬，成祖朱棣同意，却没记载葬在何处。有人分析，可能是史臣的欺世之言。这就为后来人们的种种猜测留下了可能。

野史纷纭："靖难"后，朱允炆便逃到云南、广西一带出家当了和尚，后来回到京城，迎入宫中，住在西内，号老佛，死后葬在西山。

《帝京景物略》载：自景帝陵向北二里有土丘和一座石碑，上书"天下大师之墓"。有人说：这就是建文皇帝墓。但墓前空空如也，"不封不树"，什么标致也没有，不知墓下为何人。好事之人去核实说：某座就是建文帝坟。《长安客话》的作者蒋一葵还听说过，嘉靖十五年九月，皇帝到过此地。

写《天府广记》的孙承泽住在退谷（即今樱桃沟）时，一直对建文皇帝坟感兴趣，总想考查个究竟，相距又不很远，特意与和尚秋月走遍了西山金山口一带寻访，没有任何结果。他在功德寺吃午饭时还打听，僧人也不知此事，并且说：以前也有一些人考查过，都无功而返。当地人也不知道埋建文帝坟一事，更不知墓在何处。

有人对野史中的种种说法提出了质疑，孙承泽也产生许多疑问：当初朱棣进入南京，对于朱允炆一定会查得很紧，谁敢有那么大的胆子，指着火堆中的尸体，认定就是朱允炆？至于用了天子的葬礼，之后又无陵墓和守护祭祀的官员，没这个道理！

崇祯皇帝当政时，都尉巩永固上疏建议：建文皇帝也应该进入祀典。崇祯皇帝说："建文无陵，从何处祭？"《光绪顺天府志》中也证实："建文无陵一语，出自思陵。"皇宫之内、家族之中都不知有建文帝葬礼这回事，外人只能瞎猜了。

妃嫔墓的故事

明初，皇帝妃子基本上是殉葬，并不单独建墓。长陵中只有文皇后徐氏，其余16位妃子殉葬，并无单独的坟墓和位号，而是集体统一埋在两座墓中。明英宗禁止了妃嫔殉葬，才开始为每位妃子建墓。

明帝的妃嫔众多，比如永陵嘉靖皇帝年事高，执政时间长，妃嫔也特别多。妃子有30人，嫔有28人。这还不算有罪或其他原因废除死去的。那么多妃嫔，天寿山哪里容纳得下，于是西山一带也成了明代的墓地。30个妃子只有4个葬在昌平袄儿峪，其余都葬西山红石口和峰峪口，28个嫔也都葬在了西山。

但明初不是所有的妃子都殉葬，生育过子女的或有特恩的可以免殉，这些妃子大多葬在西山。

嘉靖有这样一段故事：嘉靖二十一年（1542），宫内发生事变。世宗对于喜欢的妃嫔、宫女有宠爱，对稍不合意、略有差错的便用鞭子、荆条抽打，以致"因此殒命者多至二百余人"。高压之下，必要谋反。十几个宫女商量好，趁夜深人静之时，用绳索勒死皇帝。那一夜，嘉靖皇帝正在熟睡之中，宫女便用绳子套住嘉靖皇帝的脖子使劲勒，终究是女人，没干过杀人之事。慌忙中把绳扣系成了死扣，怎么拽也勒不紧。世宗皇帝逃过一劫。而这些妃嫔宫女却被处以极刑。其中包括端妃曹氏、宁嫔王氏。

《天府广记》进一步记载：在黑龙潭附近曾挖出过一块石碣，上面写了从宫中迁出过两口棺材一事。落款是宛平县令的名字，并无年月。此碑记述了"世庙时有宫婢之变波及曹王二妃赐死，宛平县收埋于此"。看来确有此事变。

（本文资料主要引自《永定河志》）
2009年4月12日

昌平城池与陵墓

高文瑞

昌平古时有两座重要城池：永安城和巩华城。城池建造都因十三陵而生。

过了沙河15里是弘治十七年（1504）建的玄福宫，就是后来被俗称的回龙观，向北10里许就是巩华城，巩华城也叫巩华台，再向北10里便是永安城了。

现今的昌平，明朝曾称昌平县、昌平州。正统年间，调长陵、献陵、景陵三个守护山陵的卫所，在东西中三个山口及东西二营地方驻扎，负责保卫山陵。"土木之难"后，景泰元年（1450），在昌平县以东八里，筑起了城池，建东西南三个城门，南门额有"永安"二字。卫所首先迁入了永安城内，之后又让昌平县衙以及儒学仓库等陆续迁入。昌平县衙设在城内大街西。东门、西门和城中的大桥都是南门附近的遗迹。

后来随着陵墓的增加，卫所人员也不断增多，兵力曾达到4000人，设永安营，平时在操场演练，有警则到隘口把守。城显得小了，于是在城南又建了一个城，拆掉旧南城墙，两座城连在一起，成为新的永安城。城池大了，周长十里零二十四步。

战争紧迫，天顺三年（1459），于城中心建起谯楼，就是鼓楼。鼓楼建好后，放上了铜壶滴漏。有了城中的制记点，既可登高指挥调动部队，又可按时辰击鼓为民报时。鼓楼二层檐下有四块匾额：南面，云天咫尺；

北面，皇陵形胜；东面，海山一览；西面，华夷雄关。

正德元年（1506），吏部尚书林瀚建议：昌平县是陵寝所在地。每年三次大祭，皇帝皇后百官都要参加祭祀活动，再加上还有诸多小祭，派遣驸马或官员谒陵。这么多祭祀活动的开支，仅一个昌平，县小民贫，难以承担，因此申请升为州，管辖密云、顺义、怀柔三县，共同支撑陵区所需的人力物力财力。同时，申请减免这里的各种税费、徭役。皇帝准奏。可没几天，又降为县。8年后，县丞张怀再次上奏，陈述了理由，这才把昌平升格为州，与其他县有所不同，仍归顺天府管辖。

昌平州东门外曾有松园，方圆一里多地，里面种的都是松桧，无一杂树。目的是陵内一旦有树木残坏死掉，就从这里移植。二百多年一直禁止樵采，长成一片茂盛的树林。面积大，长势好，四季常青，成为可供观赏的燕平八景之一"松盖长青"。无名氏有诗："郁郁松千树，青青阅岁时。人间不敢采，留作万年枝。"

永安县城历经岁月，到了清初已经残破。清康熙十四年（1675），重新修建了城墙。城上写了新的门额：南门，畿铺重镇；东门，奠安燕蓟；西门，节控雄关。这一格局成为现代人曾经看到的样子。古城内的鼓楼于1971年被拆除。新建的昌平区发生了巨大变化，修建了宽阔的柏油路，现在的四环路就建在古城墙外的护城河上。

明成祖朱棣在建陵之初便想到了祭陵之事，在必经之地的沙河建造了行宫。正统时，行宫被水冲坏，仅存遗址。嘉靖十六年（1537）三月，皇上驻跸沙河，看到了文皇帝朱棣建的行宫遗址。礼部尚书严嵩马上进言：沙河为谒陵的必经之路，当年文皇帝刚建完陵就在这里建了行宫，现在应该立即恢复，刻不容缓。况且居庸关、白羊口等军事要地就在西北附近，如果在这里修建行宫，周围建起城池，设官兵把守，不仅皇帝往来驻跸方便，重要的是南护京城，北卫陵寝，东蔽密云要冲，西扼居庸之险，相互联络，俨然增加了京城北面的一个重镇。

嘉靖皇帝认为很有道理，立刻传旨，即日开工。嘉靖十七年（1538）十一月，命令兵部左侍郎樊继祖：沙河是行宫所在地，应该修建城池，你到实地去考察考察。于是樊继祖便与地方文武官员一同前往勘察、测量。工程于嘉靖十八年（1539）正月开工。城为方形，南北、东西各长二里。

昌平长陵棱恩殿（摄影：高文瑞）

城墙通长1155丈8尺。南北两门为皇帝銮舆出入的城门，各开三个城门，中门要大些。南北的城门楼也比东西城门更加雄伟。城门南名扶京，样式如午门，北名展恩，东名镇远，西名威漠。顾炎武把展恩记为展思，也有把扶京记为拱京、镇远记为镇辽。这几个字在繁写体上很相近。

四个城门派人戍守。最初由勋臣镇守。嘉靖二十八年（1549）改由副总兵守御，之后改设守备。兵力曾达到3000人，设巩华营。巩华城有分守公署，奠靖所，营房五百间，都是嘉靖十九年（1540）增建。其余皆为闲旷之地，没有一间居民的房屋。没有命令，军民不敢擅入建造房屋。

行宫在城中间，皇上驾幸十三陵，在这里驻跸。城外开挖护城河，离城约6丈5尺，宽2丈、深1丈。以后朝代，多有修建。隆庆六年（1572），蓟辽总督侍郎刘应节，顺天巡抚督御史杨兆议动用军队士兵3000人，于巩华城外安济桥至通州渡口止，疏通了运河，全长145里，用来运送诸陵官军饷。万历元年（1573）二月，命令昌平兵备佥事张廷弼疏通巩华城外护城河，还让居民搬进巩华城居住，并在城内建起城隍庙。巩华城开始了一度的兴盛。

（本文资料主要引自《昌平区志》）
2009年6月7日

明陵逸事

高文瑞

节俭与铺张

从明代的陵墓中,我们也能隐约看到明朝从盛到衰的变化轨迹。

长陵的左右有两座陵墓,献陵和景陵。献陵是明第四位皇帝朱高炽和皇后张氏的陵寝。景陵在天寿山东峰之下的黑山,是第五位皇帝朱瞻基与皇后孙氏的合葬陵寝。这两位皇帝相似处:建朝之初,知道创业之艰,考虑到长治久安的大业,在陵墓建造上要节俭。

明仁宗朱高炽,只当了一年的皇帝,觉得在位时间不长,没做出太多的成绩,没给人民带来更多的实惠,临终前留下遗言:建造陵寝一定要从俭。

景陵面积最小。仁宗、宣宗力主节俭,留有"献陵最为简朴,景陵次之"之说。至于嘉靖皇帝觉得宣宗皇帝的功德之大与陵墓太不相衬,为景陵扩大了点儿规模,重新修建了裬恩殿等建筑,那是后话。

可惜祖训被明朝中后期的皇帝逐渐淡忘,开始铺张起来。也有两位年代相似的皇帝,年号为人们熟知:嘉靖和万历。这两位皇帝的陵墓为永陵和定陵。永陵是第十一位皇帝世宗朱厚熜及陈氏、方氏、杜氏三位皇后的合葬陵寝。定陵所在岗阜也称大峪山,是第十三帝神宗朱翊钧及两位皇后的陵墓。

永陵在十八道岭南麓,嘉靖十五年选定在这里建造陵寝。明世宗朱厚熜认为山名不好,便改为阳翠岭。永陵建成后,皇帝来到陵区,察看后

献陵门楼（摄影：高文瑞）

问工部大臣：朕的陵建成这样就完工了吗？其实，永陵的规模远远超过了献陵和景陵，仅次于长陵，而陵内建筑和所用建材已极尽奢华。大臣听出了话里面的意味赶忙说：还有墙垣没有建。于是在陵的周围又筑起了墙垣。这在其他陵没有，只有定陵照此仿效。

嘉靖皇帝在祭祀上进行了许多变革。他觉得朱棣功绩卓著，庙号叫成"太宗"不相符，应该叫成"祖"才贴切。在《明实录》中，他的实录就被称作《太宗实录》。嘉靖十七年（1538），世宗皇帝将朱棣的庙号改为"成祖"。自此称朱棣为"明成祖"。大臣郭勋建议：把长陵明楼石碑上的旧字磨去刻上新字，可以永久保存。嘉靖皇帝不高兴地说：我不忍磨去旧的庙号。于是采取一个办法，把新庙号刻在木头上，套在石碑外。

几十年过去，明神宗朱翊钧当了皇帝。万历三十二年（1604），巨大的雷电击中长陵，明楼起了大火，烧毁了石碑及外套，万历皇帝命令重建。大学士沈一贯上疏：以前祖上世宗就曾想改刻成祖石碑，今天雷神发了威，这是天意要更换新碑，莫大的好事。皇帝立刻同意了这一建议。

多么可笑，按照旧时的习惯，上天明明发出警告，要注意施政行为。

君臣不去反省，反而说是吉兆，真是莫大的罪过。明朝的皇帝，糊涂到了什么程度！

金井出水事件

泰陵是第九位皇帝朱佑樘及皇后张氏的合葬陵寝。明孝宗朱佑樘，年号弘治。弘治十八年（1505）六月开始修建泰陵，派太监李兴、工部左侍郎李鐩等人督理此事，共"发五军等三营官军万人"来修陵寝，准备尽快完工。不料营建中在开挖玄宫金井时，有泉水涌出，"水孔如巨杯，水仰喷不止"。《九朝野记》曾有记载。此时，京城内都传遍了。吏部主事杨子器目睹此事，如实上奏朝廷。太监李兴正得武宗宠信，不可一世，认为这是多管闲事，让锦衣卫把杨子器抓起来下了监狱。朝廷内都知道李兴的厉害，谁也不敢站出来说话。

此时，正逢新提拔的知县莆田人邱泰进京，听到此事，就上疏皇帝：杨子器提示得太好了，"泰陵有水，通国皆云"，此时不说，万一等皇帝的梓宫下葬再有人说就晚了，到那时打开墓穴则泄气，不开又遗恨终身。水的有无亲眼看看，问题就解决了。武宗皇帝认为有理，于是派司礼监太监萧敬押送杨子器前往查看。李兴等人早已暗中在墓穴做了手脚。众人都说：杨子器肯定惨遭毒手。萧敬押着杨子器到了泰陵。李兴果然带手下人先行赶到，一起破口大骂杨子器，还想用鞭子抽打。萧敬很气愤地说："水之有无，视之立见，何必尔？"又对李兴说："士大夫可杀不可辱也。"李兴没敢再动手，杨子器逃过一劫。

回到京城，萧敬禀报说：泰陵金井无水。众人又私下议论：杨子器这下必死无疑。此事传到宫中，幸亏太皇太后明白事理说："无水则已，何必罪之？"没水就别怪罪他啦。杨子器这才幸免于难，官复原职。

在那个朝代，讲实话的人命运多舛，反映出朝廷内的混乱，皇帝的昏庸。

（本文资料主要引自《光绪顺天府志》）

2009年7月5日

思陵之思

高文瑞

崇祯皇帝并非吃喝玩乐之君。恰恰相反，从政以来，他励精图治，一切从俭，想拯明朝于危难之中，而一人之力，支撑不住即将倾倒的大厦。面临着文官专政、满清崛起和农民起义，再加上朝廷内派别纷争，战场上将骄兵惰，内忧外患，他已无力回天。

崇祯皇帝是个矛盾体，他唯才是举，赏罚分明，具有讽刺意味的是，满朝文武居然没有能撑局面之人。特殊的成长经历培养了崇祯皇帝多疑的性格，加速了他的覆灭。他杀了许多封疆大吏，罢免了许多内阁大臣。据统计，崇祯年间换了11个刑部尚书，14个兵部尚书，诛杀总督7人，杀死巡抚11人，逼死1人。内阁重臣频繁替换，先后有近50人。

袁崇焕便是其中一个。袁崇焕为人慷慨，有胆略，喜军事，具有扼守边关的才能。这样一位打死了努尔哈赤的功臣，一位赤胆忠心想学岳飞精忠报国之人，最终得到了相同的结果，冤死于离间之计。崇祯三年（1630），镇守边关的辽东巡抚袁崇焕被以"谋叛"大罪论死。《明史·袁崇焕》："八月，遂磔崇焕于市，兄弟妻子流三千里，籍其家。崇焕无子，家亦无余赀，天下冤之。"所谓"磔"即是分尸的酷刑，比岳飞死得更悲惨。"自崇焕死，边事益无人，明亡征决矣。"虽说双方交战，兵不厌诈，而使用计策也是有条件的，只有抓住对手的特点，因人施计才能奏效。

崇祯的亡国，《明史·流贼传》中总结得很全面："庄烈之继统也，

简陋的思陵（摄影：高文瑞）

臣僚之党局已成，草野之物力已耗，国家之法令已坏，边疆之抢攘已甚。……内外大臣救过不给，人怀规利自全之心。……败一方即戮一将，隳一城即杀一吏，赏罚太明而至于不能罚，制驭过严而至于不能制。加以天灾流行，饥馑洊臻，政繁赋重，外讧内叛。……呜呼！庄烈非亡国之君，而当亡国之运，又乏救亡之术，徒见其焦劳瞀乱，……卒致宗社颠覆，徒以身殉，悲夫！"

李自成的起义军虽然攻入了京城，全国局部的战事并没结束。就在北京，密云副将张减率领部队，来到起义军占领的昌平城下，写血书用箭射到城内，要奋战到底。于是与城里的明朝官员约定好攻城日期，里应外合。五月初，战斗从早晨打到中午，攻下了昌平城。但明亡早已定局。

清兵入关后，封崇祯皇帝的谥号为怀宗端皇帝，后谥封庄烈愍皇帝，对他的殉国之举，大为肯定。清世祖顺治皇帝于顺治四年（1647），派遣工部修葺了思陵，建了三间享殿，又修建了围墙。顺治九年（1652），明令禁止在十三陵砍伐树木。许多古树得以保存。

顺治十六年（1659）十一月，清世祖顺治皇帝到了十三陵祭祀诸陵及思陵，并御制了祭文，又命大学士金之俊为明思陵撰写了碑记，其中总结：崇祯皇帝是位孜孜求治的君主，并非大多数亡国之帝的失德，"总由人臣谋国不忠所致"，用人上出了问题，再加上个人性格的多疑。明朝的衰亡实际从万历、天启开始。皇帝不理朝政，国力虚弱，北方频繁战事，不想兵戎之事，反而听信形家邪说，认为女真后裔满人的崛起是金代陵寝王气太盛，冲了本朝的王气，于是拆毁了房山的金陵，割断地脉，还把金太祖定陵的享殿也拆去，停止了祭祀，并建造了关帝庙，以为厌胜之术。这些做法没能增强国力，只能使明朝逐渐走向衰亡，崇祯皇帝以身殉国。顺治十六年（1659）十二月又对思陵进行了修葺，并命令设立陵户，看护陵区，祭祀香火。地方官员也要严加察看。

后来乾隆皇帝也曾祭祀过明陵。乾隆五十年（1785），皇帝专程祭祀，看到明楼亭殿多年失修，便动用国库，对十三陵进行了全面修缮。三年后，修缮完毕，乾隆皇帝视察后责令，如有殿宇墙垣树木有伤损，拿地方官员是问。

对于那些要求复明的汉族官员来说，这根本就不是崇祯皇帝的陵墓，只能算是攒宫，即临时下葬的地方，要在墓主人复仇之后，才能正式迁入陵墓，而且思陵的名称也起得不对。但其实，这个"思"字却大有深意，作为朝代更迭的载体，崇祯之死，足令后人深思。

古书上说："与治同道罔不兴，与乱同事罔不亡。"不论怎样，一个朝代终结了。乾隆皇帝曾作过清河望明陵各题句，对于明朝几百年来的历史和每位皇帝进行了总结。其中写到崇祯皇帝："大厦支宁一木材，苛为明更济多猜。勤劳甚亦徒虚耳，社稷殉之诚壮哉。"

（本文资料主要引自《昌平区志》）

2009年11月1日

风雨七王坟

侯志云

《海淀区志》中有这样的记述：醇亲王墓位于北安河乡妙高峰东麓。墓址原为唐法云寺、金香水院、明法云寺旧址。醇亲王名奕譞（1841—1890），为宣宗道光皇帝第七子，光绪帝生父，谥号贤。园寝坐西朝东，依山而建。原有甬道、碑亭、月牙河、石桥、隆恩门及南北朝房、享堂和4座宝顶等。今南朝房和享堂已不存。碑亭内有光绪帝御书神道碑。墓

月牙河上的桥（摄影：郭晓钟）

七王坟碑亭（摄影：郭晓钟）

内葬有醇亲王和福晋叶赫那拉氏及3位侧福晋。墓北为"阳宅"退潜别墅，有城关与墓相连。五进院，依山而上屋旁辟花园一区，有假山、曲廊、敞轩和流杯亭等。园寝后有山泉一处，泉侧有"一卷永镇"、"漱石枕流"、"云片"等石刻多处，皆为七王手书。1984年5月公布为北京市文物保护单位。

七王坟是非常少见的阴阳宅。

碑亭后面是月牙河，两旁有四个向河中注水的兽头，一座青石拱桥跨河而过。河水已枯，河道依然。长条石铺砌的拱桥还很完好。过桥再踏上两段青条石阶，就是园寝的主体了。绿琉璃瓦覆顶的陵门和门前北侧的朝房，历经百多年的风雨剥蚀，虽陈旧破败，还静穆肃然地立在那里。

再上台阶，穿过二道门，便是被称为宝城的墓地了。宝城地面平坦，空旷敞亮，背后是圆弧形的青砖墓墙，居中的砖石平台上如倒扣门钉般的大宝顶，坐落在石雕须弥座上，即是醇亲王与嫡福晋叶赫那拉氏的陵寝。左右两侧是侧福晋的坟。

园寝的北侧，隔沟相望，就是七王坟的阳宅。醇亲王生前自取别号"退潜居士"，处处向慈禧示以谦退、无为之意，以防招灾惹祸，所以陵寝的阳宅亦称退潜别墅。

七王坟陵寝的林木之胜，是现今存留的王陵中颇为少见的。正是这

月牙桥上的出水兽（摄影：郭晓钟）

林木之胜，使醇亲王死后难安。当年法云寺内就有两棵白果树，已有千年树龄，长得枝繁叶茂，建坟时被保存了下来。1898年"百日维新"失败后，光绪与慈禧已成水火不容之势，光绪夏天被囚禁在颐和园的玉澜堂，冬季被囚禁在南海的瀛台，可他只要还有一口气，慈禧太后就坐卧不安。那是在醇亲王死后六七年，宫内传出白果树长在王爷坟上，王字上面加白字正是个皇字，此乃大大的凶兆，不砍去白果树必酿成大患。所以就在一个夜黑风高的晚上，内务府的工匠们砍去了七王坟前千年白果树。这次伐树的主谋，相传是光绪年间工部侍郎英年。

历经百年沧桑，七王坟早已破败不堪了。2004年，由北京市文物局组织、海淀区文委协助，投资30余万元开始对北京现存的等级最高、保存最完整的醇亲王墓展开大规模的抢险修缮工程。如今，从北安河的大觉寺向北新修了一条宽敞的大道，沿妙高峰山麓，途经九王坟、七王坟、车耳营直至凤凰岭脚下，把西山旅游景点连成一线。此线路的开通，为出行西山近郊游提供了极大的方便。

（本文资料主要引自《海淀区志》）

2009年6月21日

北京人的"吃"

单丽成

旧京粮食铺（供图：郭晓钟）

清末民初时，由于贫富悬殊，居民饮食差别很大。官僚、巨商们吃喝极为讲究，而一般市民大多是饥一顿、饱一顿。普通居民粮食支出占食品费用的八成。一日三餐常年是"一天到晚大窝头，老腌萝卜没点油"。副食品对穷苦人家来说，只能是奢侈品了。20世纪50年代，居民食品消费中主副食支出的比例还不及1∶1。

改革开放以来，不仅食品品种增加，质量也不断提升。北京人食品消费逐渐从"主食型"过渡到"副食型"。经济的发展，物流的便捷，"六百里加急"已成为尘封往事，现在的北京，不仅国内的新鲜食品不再难以品尝，就连国外的奇珍美食，也可以"一睹芳容"。像美国凤梨、红提，越南火龙果，印度青苹果，泰国山竹等进口瓜果也占据水果市场的一定份额。绿色无公害水果日益受到人们的青睐。统计数据显示，北京果品栽培品种已达3000多个。遍布京郊的果园已成为人们休闲度假、观光采摘的好去处。再说那不同品味、不同档次的糕点、糖果、奶制品、饮料以及各种小食品，真可谓目不暇接，应有尽有。人们的饮食观念与时俱进，膳食结构也趋向营养、科学、健康。

今日北京人讲吃，不仅仅是一日三餐，解渴充饥，它还蕴含着博大精深的饮食文化。旧时有饭庄、饭馆，清末乃至民国时又出现新式的饭店，东兴楼为京师"八大楼"之首。饭庄一般名"某某堂"，如福寿堂、惠丰堂等。饭馆分几种，一种叫面食馆，如包子铺、饺子铺、馅饼铺等，专一经营面食；再一种叫二荤馆，指的是猪、羊肉，分汉民和清真馆，其菜仅限肉类，没有鸡鸭鱼虾等；还有一种叫风味馆，如淮扬馆、山东馆、四川馆等，各有各的风味，各有各的拿手菜。旧时有句口头禅："逛小市、听小戏、吃小馆"，指的就是这类风味馆。前门、厂甸、天桥是当时著名的商业街，茶楼酒肆林立，各种风味小吃云集。老北京上至贵族后裔、官宦子弟，下至城内外平民百姓，无不来此观、玩、吃、买，游人极盛。如今的北京，越来越多各具特色的美食街早已成了北京的美食符号，如前门大街、篁街、广安门美食商业街、平安大街、苏州街等。老字号鸿宾楼、烤肉宛、同春园、同和居、峨嵋酒家、曲园酒楼、又一顺等，名店宏状元粥铺、庆丰包子铺、永和大王，以及外国特色餐饮店铺林立，异域餐饮与本地美食相交融，那令人垂涎欲滴的各式各样的美食，真有挡不住的诱惑，吸引了络绎不绝的中外食客，令人大饱口福。现在，逢年过节、办婚事喜事或招待亲友，摆上一桌丰盛的酒席已不鲜见；在平日，到饭馆吃上一餐可口的饭菜，已属"家常便饭"。2008年，居民人均在外饮食消费为1407元，比1979年增长了137.4倍。

（本文资料主要引自《北京志·综合卷·人民生活志》）

2010年5月31日

旧京冬菜

王征

现如今，咱北京的蔬菜市场上，可谓是不分季节，要啥有啥。可回想北京城的历史，这寒冬腊月里，还真曾经历过长时间一冬天一种菜的单调生活。

时光推到元代，大都地区居民食用的蔬菜主要分为两大类。一类是在野外自然生长的野生蔬菜，另一类是由人工种植的蔬菜。野生蔬菜品种有苍耳子、蒡子、稗草子、金荞麦、紫苏子等，人工种植蔬菜品种主要有白菜、萝卜、茄子、青瓜、冬瓜、天菁葵、葱、匏塔儿葱、茴茴葱、韭、蒜等。野菜在当时居民的食品中占有很重要的地位，到了肃杀的冬日，可供居民食用的蔬菜品种自然大大减少。

到了明代，随着蔬菜种植技术的提高，北京地区已开始利用温室种植蔬菜。据文献记载，"王瓜出燕京者最佳，种之火室中，逼生花叶，二月初即结小实。"不过，这种利用温室种植的黄瓜，其生产成本很高，出售的价格非常昂贵，只有豪门权贵、富商大贾才能够享用，平民百姓，冬季几乎不可能吃上。

清代，北京城的冬季蔬菜还是以白菜为主，除贮存白菜外，北京居民还习惯于腌菜，以供冬时食用。一般在霜降后，即行腌菜。诸如瓜茄、芹芥、萝卜、苤蓝、春不老、箭杆白（一种白菜）和黄芽菜等，都可用来腌菜。清代北京冬季亦有较为新鲜的蔬菜，但数量极少，价格昂贵。这

土豆（供图：郭晓钟）　　　　　　　　白菜（供图：郭晓钟）

些鲜菜或运自南方（如生姜、荸荠、冬笋之类），或在北京当地暖房内培育（如黄瓜、韭黄）。产于本地的黄瓜、韭黄，是在火炕地窖中长成的，价格自然不便宜。所谓"火迫而生"的黄瓜，冬日的价格可比人参。所以说，清代北京的蔬菜供应，从品种的丰富上讲可号称甲于天下，但其消费者主要是上层人士。一般老百姓只能食用最普通的季节菜，菜的种类十分单调，无非是春季菠菜、秋冬白菜。这样的菜价格低廉，"数钱即可满筐"。咸菜更是一年四季离不开的佐食品。

可以说，冬储大白菜的传统，从清代起就已经大规模地开始流传于民间。乾隆皇帝曾用"采摘逢秋末，充盘本窖藏。根曾满雨露，叶久任冰霜"这样的诗句赞美这种给平民百姓带去冬日一抹绿色的蔬菜。每年深秋季节，京郊菜农就开始赶着马车，吆喝着将摞成堆的白菜送往京城，这种景象一直持续到有了菜站，有了菜蔬公司为止。"家家忙运大白菜，遍地满房皆菜窖"的有趣回忆也一直伴随着北京人直到20世纪90年代。

（本文资料主要引自《北京志·商业卷·副食品商业志》）

2011年1月18日

北京冬贮大白菜

王征

现今年纪不算太小的北京人都有过类似的回忆：改革开放以前，菜蔬公司或菜站一般都设在胡同口儿和路边儿宽敞的地方，每年入冬之前，一到大白菜上市的时候，临时设立许多大白菜的销售点儿，只见那一车又一车的大白菜，源源不断地运到城里，堆得和小山似的。无论是平房大杂院还是灰砖灰瓦的筒子楼，到处是搬运大白菜的忙碌人影。那时候邻里关系也特别好，都是一家买菜，好几家帮忙，年轻人负责搬菜，老人们负责指引堆菜，连小孩都一手一棵白菜，灰色冬日里这些难得的绿色就随着热闹的人流回到了百姓家。

新买的大白菜一般都要在通风向阳的地方晾两天，然后才整齐地码在房檐下、墙角边、楼道里……总之，一切可以放得下的地方都会利用上。要是住在平房里，又或者有个大院子，那有的人家还会挖个菜窖，深个二三米，贮藏效果相当之好。如果放在露天，那么摆放白菜的技巧和防护就显得更为重要，菜垛要整齐，既要节省空间又不能太挤，还需要垫好草帘子、塑料布，再冷还得盖上旧被子，寒冬腊月里，这些绿色可是稀罕的桌上宝物啊，需要好好珍惜和保护。

大白菜的吃法可就比较多了，一种菜在老北京的桌上可以做出好多样儿。可以包白菜饺子、包子，可以炒醋溜白菜、肉丝白菜，可以粉条熬白菜、肉丸子白菜汤，也可以腌白菜帮子、凉拌白菜丝……种种奇思妙

20世纪70年代居民冬贮大白菜（供图：郭晓钟）

想，就是为了让单调的日子吃得更有滋有味儿。除了大白菜，北京人冬日里的蔬菜还包括萝卜、土豆，顺带着还可以存些大葱。当然，这些蔬菜都是难得冬日里的清爽菜，不一定天天能吃上。

时间到了世纪之交，北京百姓冬日饭桌上的蔬菜种类忽然丰富起来。1999年，全北京市菜地温室和大棚面积就达到了21万亩，冬天里不光能吃上大白菜，像小白菜、青菜、芥蓝、西兰花等等以前闻所未闻的新鲜菜都搬上了货台。此外，人们已经不仅仅满足于吃上新鲜菜，无公害蔬菜、有机蔬菜、健康蔬菜等等都得到了人们的热捧。现如今，冬天里的北京蔬菜市场可谓是要什么有什么，曾经的"菜王"——大白菜早已不需上百斤地储存，单棵零买，随买随吃；各大超市里的蔬菜柜台上，各种新鲜蔬菜能让人挑花了眼。北京城的冬日饭桌上，终于实现了"菜来张口"的幸福梦想，这恐怕也是北京建城千年来，北京百姓们在冬天一直期盼的生活吧。

（本文资料主要引自《北京志·商业卷·副食品商业志》）

2011年2月1日

酱菜史话

杨超

据《北京志·商业卷·副食品商业志》记载：北京酱腌菜的历史可追溯到南北朝时期。元代，大都制酱技术的发展以及明、清京师副食品业的分化和酱园业的勃兴，为北京酱腌菜业的形成奠定了基础。在明代，北京就初步形成了酱腌菜行业。每逢农历六月造酱醋浸腌瓜茄，九月进入腌酱旺季。到了清朝，酱腌菜行业进一步发展，当时一部分油盐店逐渐发展成为以经营酱腌菜为主的酱园业。六必居、桂馨斋和天源酱园加工技术精湛，产品色香味俱佳，曾被选为宫廷御用食品。

据《都门纪略》记载：六必居是山西临汾赵姓创办的，是制售八宝菜、包瓜等酱菜的名家。有《竹枝词》称："黑菜包瓜名不衰，七珍八宝样多余。都人争说前门外，四百年来六必居。"六必居坐落在前门外粮食店街，相传开业于明嘉靖九年（1530）。传说"六必居"牌匾原由明代权臣严嵩书写。六必居在经营活动中具有三大特点：在用人上，坚持人尽其才，不用"三爷"（即少爷、姑爷和舅爷）；每晚通过一起喝"栏柜酒"研究市场行情，增强凝聚力；售出酒后给顾客"打票"（即购物证明）借以维护质量信誉。光绪二十六年（1900），八国联军侵占北京时，六必居酱园被烧，张夺标等店员从烈火中抢出牌匾，使六必居匾额免遭烧毁。传统产品有：稀黄酱、铺淋酱油、甜酱萝卜、甜酱黄瓜、甜酱甘露、甜酱黑菜、甜酱包瓜、甜酱姜芽、甜酱八宝菜、甜酱什香菜、甜酱瓜、白糖蒜等。

六必居酱菜（摄影：郭晓钟）

　　天源酱园开业于清同治八年（1869），创始人刘湛轩原是京城当铺业的四大户之一。他以白银2000两买下西长安街一家油盐店，改建为天源酱园，前店后厂，自产自销。因其酱菜做法出自清宫厨师，料精工细，逐渐形成自家风味，生意兴隆。他们生产的桂花糖熟芥曾被选进宫廷，得到赞赏。店主人把店堂盛放糖熟芥的瓷坛，用红漆木托起，写上"上用糖熟芥"字样。一时，天源酱园名声大振。并请当朝翰林陆润庠题写了"天源号京酱园"牌匾。清末进士王垿也为天源酱园题写了"天高地厚千年业，源远流长万载基，酱佐盐梅调鼎鼐，园临长安胜蓬莱"的藏头诗悬挂于店堂四柱。主要产品有：甜酱甘露、甜酱乳瓜、甜酱什锦菜、桂花糖熟芥、麻仁金丝等。

　　桂馨斋酱园始建于清朝乾隆元年（1736），原址在宣武区骡马市大街铁门胡同南口。因制作经营南方风味酱腌菜，人称"南酱园"。据1956年公私合营企业登记册中记载：桂馨斋创业人为一对从南方来京谋生的夫

20世纪50年代的六必居酱园（供图：郭晓钟）

妻，他们先在菜市口摆摊销售自制小菜，后在铁门胡同南口租赁房屋、招收徒工，开设了桂馨斋酱园。后因东家夫妇年老南归，将桂馨斋的全部资产赠与来自河北固城县的沈氏徒弟经营。沈氏接管桂馨斋后，在铁门慈康寺建起了一座制作酱腌菜的作坊，开展批发业务，生意兴隆。桂馨斋擅长制作冬菜、梅干菜和佛手疙瘩，被誉为"冬菜老店"。产品甜咸适口，酱香浓郁，不但受市民欢迎，而且得到宫廷的重视，曾赐给"腰牌"一个、白底红穗帽子一顶、黑色马褂一件，凭此进入皇宫送菜。到了光绪年间，桂馨斋的酱腌菜备受西太后的赏识，特别赐给桂馨斋六品顶戴，送菜人穿朝服进宫。一直到了民国时期，那套"六品顶戴"还珍藏在桂馨斋掌柜的卧室里，成为炫耀的资本。光绪二十四年（1908），桂馨斋又开设了南桂馨斋、桂馨栈、桂馨斋东记三个分号。桂馨斋在京城的百姓中颇有名气，因其在铁门胡同，故又称为"铁门酱园"。桂馨斋名产"佛手疙瘩"是保留下来的风味产品。桂馨斋的传统产品梅干菜也享誉京城。著名老字号正明斋的"干菜月饼"，就是用桂馨斋的梅干菜作原料制成的。

（本文资料主要引自《北京志·综合卷·人民生活志》）

2009年12月27日

漫话京城国宴

陈永勤／王征

在我国的悠久历史中,"食"始终占据着重要的地位。"长江绕郭知鱼美,好竹连山觉笋香","蒌蒿满地芦芽短,正是河豚欲上时"……品味一道道精美菜肴的同时,古人还用诗句将菜香与古韵完美地结合,使"吃"升华成为了"食文化"。觥筹交错、香飘四溢的美食宴会一直是人们享受生活和社交活动的重要形式。而其中,"国宴"作为"最高"形式组织的大型宴会,其菜式之精美、烹调技术之精湛、参与人员身份之不平凡,乃至围绕着国宴发生的一幕幕盛大华贵、美食佳人甚至是惊心动魄的传奇故事,都给"国宴"这两个字赋予了高贵和神秘的色彩。

新中国成立后,国宴曾在北京饭店、颐和园听鹂馆等地举行,现今的外事宴会则多在人民大会堂宴会厅或钓鱼台国宾馆召开。国宴厅环境庄重、大方,根据来宾身份、国籍和人数精心安排布置。厅内悬挂国旗,安排演奏乐队及席乐,乃至于餐桌的摆放,桌面台布与插花都有严格要求,其中最关键一点就是要符合国际礼仪,尊重来宾的生活习俗和宗教、文化习惯。以插花为例,法国人就不喜欢菊花,因此接待法国来宾就避讳使用这种花式。菜式和食料的选择更是事关外交的重要环节,世界各国都有自己的饮食习惯乃至饮食禁忌,内脏、鸡爪、狗肉、猪肉等一些食料就不能随便选用和烹调,因此,国宴厨师们也都个个精挑细选,除了需要政审外,还必须对世界各国的风土人情、食风食俗均有深入了解,会烹调各地名菜名点，根据服务对象的不同，因人而异，随客而变。

至于精致，则说的是人们通常最感兴趣也是最神秘的核心——国宴菜式了。精致绝非奢华，无数人想象中"饫甘餍肥"的景象其实根本就不存在，更别说是众口相传的"满汉全席"了。看看几份国宴席谱，您就知道国宴之精，绝不在于其样式繁多——有开国第一宴美誉的开国大典盛宴包括主菜15个：扬州蟹肉狮子头、全家福、东坡肉、鸡汤煮干丝、口蘑罐焖鸡、沙炒翠虾、鲍鱼浓汁四宝、香麻海蜇、虾籽冬笋、炝黄瓜条、芥末鸭掌、酥鲫鱼、罗汉肚、镇江肴肉、桂花盐水鸭。20世纪70年代周恩来总理在大会堂宴请美国总统尼克松时热菜6道：芙蓉竹荪汤、三丝鱼翅、两吃大虾、草菇芥菜、椰子蒸鸡、杏仁酪。改革开放后，国家对于国宴作了改革，更是明确规定国宴为"四菜一汤"，且一律不再使用茅台等烈性白酒。以北京奥运会时宴请多国贵宾的奥运国宴为例，冷菜有水晶虾、腐皮鱼卷、鹅肝批、葱油盖菜和千层豆腐糕，汤食瓜盅松茸汤，热菜有荷香牛排、鸟巢鲜蔬、酱汁鳕鱼。纵是选料多么严格、烹调多么精心，以上的这些国宴菜式也绝非寻常百姓难见之物，更非千金难买的"绝密"食材。可以说，国宴之精致，不在其奢繁，而在于菜式的精心创造、食料来源的严格控制，以及体现在菜肴美食中的掌勺大师创造的天才，与蕴含其中的对来访宾客的尊重之意。

当然，国宴食材的来源也的确都经过严格筛选，对口引入，例如蔬菜，就不能添加任何化学肥料，避免有害物质造成损害。选料的形状、部位和处理也都是精心选择，这等用心就非是寻常宴席所能比拟了。

颐和园听鹂馆（供图：郭晓钟）

听鹂馆菜品之雪花桃泥（供图：郭晓钟）　　听鹂馆菜品之荷花鱼丝（供图：郭晓钟）

除了精美的菜品外，"美食还需美器盛"，在国宴中，餐具器皿的精美让人赏心悦目，更具有彰显中国特色、协调现场气氛，甚至是增强与贵宾友谊的作用。国宴器皿包括特制的中国瓷、陶器、金器、银器、不锈钢器、铜器等，瓷器、陶器一般作为餐具，而刀叉使用银质、筷子选择象骨。金器有腰盘、圆钴、双耳樽形碗、铜质双龙火锅等。这些食器个个都是精品，以瓷器为例，中南海、人民大会堂以及钓鱼台国宾馆专用瓷器是高规格的釉中彩瓷器。釉中彩瓷不仅瓷质细腻、釉面润泽，而且是一次高温釉烧而成，其精美和具有的艺术价值使其常作为政府首脑互赠礼品之用。美国前总统布什就对他曾经使用过的"吉祥如意"餐具赞不绝口。2002年秋天，前国家主席江泽民访美时，特意带上了一套"吉祥如意"馈赠给布什，成为中美关系发展的一段佳话。谁又能说这些精致的食具不是国宴传奇的重要组成部分呢？

在2009年11月17日欢迎美国总统奥巴马来华访问的晚宴中，国宴正餐包括一道冷盘、一份汤和三道热菜：翠汁鸡豆花汤、中式牛排、清炒茭白芦笋、烤红星石斑鱼。中西合璧的国宴又一次为两国的友谊发展之路添上了浓墨重彩的一笔。或许，国宴的美丽色彩，并非席如流水的奢华，而在于其待客如己的和谐与创新精致的中华食文化吧。

（本文资料主要引自《北京志·商业卷·饮食服务志》）

2009年12月20日

通州三宝

梁英华

通州地处北京东南,是首都几座重要的卫星城之一。元明以降,由于大运河的存在,通州日益成为全国各地人员、物产、文化的重要交流地,从而产生了许多各式风味的名小吃,构成了通州一道亮丽的风景线,"通州三宝"就是重要代表之一。

第一宝:大顺斋的糖火烧

1640年,南京回民刘大顺落户通州,走街串巷卖油炸果子、糖火烧等小吃。不久,刘大顺开了个小店,起名"大顺斋",专门经营糖火烧和南方糕点。到乾隆时期,生意更加兴旺,大顺斋就在回民胡同盘下5间店面,建立起"大顺斋南果铺"。再后来,在刘大顺后人的努力下,大顺斋的经营渐入佳境,开始专业化运营,在通州设立"大来号"专门供应油、面等原料,在北京城内设立"大生号"、"大新号"、"大兴号"出售糖火烧,并兼营油盐酱醋。八国联军侵华后,大顺斋的命运也江河日下。民国时期,因通州驻军姜桂题部哗变被焚毁,重建后元气大伤,经营日益惨淡。新中国成立后,大顺斋获得了新生,其产品得到了消费者的普遍认可,被评为北京的优秀食品老字号企业。

说完了大顺斋的发展史,咱再说一说这糖火烧。据《北京志·饮食服务志》记载，大顺斋的糖火烧在制作材料上是非常严格的，面必须是纯净的标准粉，油必须是通州的小磨香油，桂花一定要用天津的甜桂花，红糖和芝麻酱也都是专门购买。料配齐了，再看做工，更是讲究：先将红糖加面粉搓散烧熟，加入麻酱、油和红糖，和成糖酱；再用干面粉加发面，发酵后对碱。饧面后，将面按500克一块搓成长条，擀开甩成栅子，抹上糖酱，随押随卷成筒形，揪成50克小剂，揉成圆形小桃，摁扁码入烧盘。接下来就是烘烤了，这里面也有文章：先把饼抢脸儿1—2分钟，起锅上盘后，再入炉烘烤15分钟左右。熟后晾凉，放入木箱中闷透闷软。

如此一番工序走下来，深棕色的糖火烧就出炉了，虽然模样像象棋棋子，缺乏吸引人的造型，但闻起来却香喷喷，吃起来甜滋滋、软酥酥；而且，这种糖火烧易于保存，只要密封得好，一两个月不霉、不干、不走味。有这么多优点，这糖火烧自然是远近闻名。1960年印度总统尼赫鲁访华时，就专门品尝了大顺斋的糖火烧，临走还带走了二十多斤。当年刘大顺创立大顺斋时，何曾想到自己家的糖火烧能走出国门、扬名海外啊！

第二宝：义和轩的烧鲇鱼

1900年，世传厨艺的回族李姓兄弟振钧、振荣、振富、振宗在通州旧城南大街开创了义和轩，一开始规模较小，一间门脸，屋内设座，主要经营肉饼、炸肉火烧、焦熘肉片、水饺、豆粥、烧麦、栗子糕、馅饼等，门前摆摊卖茶水。四兄弟中的李振荣，厨艺地道，人送外号"厨子李"。义和轩在他的精心经营下，饭菜可口、价格公道，生意逐渐做大，门面也增加到2间，店堂扩大到6间。为了使雇佣的伙计有个落脚休息的地方，义和轩被扩建成一座木质结构两层小楼，从此得名"小楼"。义和轩成为"小楼"，时间一长，"义和轩"无人提及，"小楼"则为人所共知，店主干脆就挂起了"小楼"的招牌。

话说这李振荣专心经营小楼生意，天天潜心研究菜肴，以至厨艺精进。后来，他利用北运河盛产鲇鱼的有利条件，发明了烧鲇鱼这道菜。根据《北京志·饮食服务志》的记载，制作程序是这样的：捕捞鲜活鲇鱼，活剥去皮，切掉头尾留中段，或连刀，或切块，先用料酒煨好去其腥味，再用淀粉裹底，然后用香油红烧，经过"三蹲"、"三焗"，即用热油炸一下后，在温油中蹲一下，再放到文火上焗片刻，如此反复三次，也称"三起三炸"或"三凉三热"，然后下入调料葱、姜、蒜、料酒等，熘炒勾芡，烧熟出锅即成。这样做出来的烧鲇鱼，色泽黄润，外焦里嫩，味道鲜美，深受百姓欢迎，不久便享誉京城。后来，李振荣在烧鲇鱼的基础上，又推出了熘鲇鱼片等一系列以鲇鱼为主的菜肴，使小楼的烧鲇鱼菜系经久不衰，还入选了通州区首批非物质文化遗产目录。

第三宝：万通酱园的酱豆腐

据《通县志》记载，1918年，祖居通州的回族人马兆丰在通州旧城南大街北口、回民胡同西口处创办了万通酱园，前店后厂，自产自销。万通酱园主要经营调味品，代表产品是万通酱豆腐。老通州人都知道，万通酱园酱豆腐的原料，主要来自浙江绍兴的"惟和腐乳厂"。豆腐在绍兴装坛后，从杭州码头运抵通州。期间漫漫数月飘泊于海上，豆腐不断发酵，尽收日月精华。到达通州后，立即添加红曲、黄酒等配料，并根据北京人口味加入其他作料，封坛后经曝晒入库。一年后，作料味道全部渗入豆腐中，色泽纯正，质感细腻，芳香醇厚的酱豆腐制作就完成了。

经过几代人的努力，万通酱园的酱豆腐不仅继承了优良的传统工艺，还将科技手段应用到提高汤料配方的程序中，逐渐得到了消费者的广泛认同。1956年公私合营，万通酱园被并入通州酿造厂，老字号获得新生。从1964年开始，通州酿造厂集中研制新曲种和新汤料，发明了"通风制曲"新工艺，并研制成功"通州腐乳"Ⅰ号汤料和Ⅱ号汤料。此后，在万通酱豆腐基础上形成的"通州腐乳"，块型整齐、质地细腻、味道鲜美、香气纯正，名声远播。

这大顺斋的糖火烧、义和轩的烧鲇鱼和万通酱园的酱豆腐，作为咱回族同胞开办的小吃店，虽说是在北京东南一隅起家，但均以独具匠心的制作手法、与众不同的口味得到了全北京乃至全国人民的喜爱。

（本文资料主要引自《北京志·商业卷·饮食服务志》）

2009年10月11日

古都话酒

王征

在我国的悠久历史中，从帝王将相、文人骚客再到寻常百姓，似乎都与琼浆玉液有着不解之缘，作为数朝古都，北京千年历史的风韵中也始终散发着迷人的酒香。

北京别名燕都，自与战国七雄之燕国有着血脉联系，而让燕赫赫有名的刺秦荆轲，就是一位喜饮的侠客，在《史记·刺客列传》有"荆轲嗜酒，日与狗屠及高渐离饮于燕市，酒酣以往……旁若无人者"的记载，这恐怕也是较早的古都饮酒名人了。而到了金贞元元年，金人迁都北京，定名中都，酿酒技术和酒业也随之兴盛。城乡多有酒楼、酒肆，酒品有鹅黄和金澜等。大定二十七年（1187）政府开始允许民营酒户营业，时在中都的女真人均以酒为主要饮料，饮酒时置大酒缸于席间，只用一个木勺子，自上而下循环饮用。中都的酒颇负盛名，金代王启在《中州集》中有"燕酒名高四海传"的称颂。

元人入京后，游牧民族特有的马奶酒以及与西域关系密切的葡萄酒也逐渐成为主要饮料，马奶酒用马奶发酵而成。皇家贵族有专用取奶的马群，而葡萄酒常用于宫廷和国宴。元代君臣百姓似乎更尚豪饮，宫廷平时或逢重大节日都在宫殿附近备有巨型贮酒容器酒海，至元二年（1265）时稀世珍宝渎山大玉海雕成，可贮酒三十余石，元世祖忽必烈将其置于广寒殿，每逢行赏赐宴饮酒时，便在其中舀取，当时盛况，可想而

都一处的前身即京城的老酒馆（供图：郭晓钟）

20世纪40年代右安门关厢的永泰酒铺（供图：郭晓钟）

知，此宝直到今天仍然幸存，现安置在北海公园中。而寻常百姓则更偏爱粮食酒，其中酒精度数高的酒称"汗酒"，是用蒸馏法制作的烧酒，民间俗称"烧刀子"。明代《本草纲目》上也记载，烧酒"自元时始创其法，用浓酒和糟入甑，蒸令气上，用器承取滴露"。北京人喝白酒的传统怕也是在此时开始形成并流传的。

明清北京酒业更加繁荣。酿酒品种分宫廷酒和民间酒两大类，制作的名酒有竹叶青、满殿香、药酒五味汤、金茎露、珍珠红、腊白酒、玉兰酒、珍味酒、黄米酒等，且每逢佳节节令，"专用酒"十分流行，如元旦饮椒柏酒、正月十五饮填仓酒、端午饮菖蒲酒、中秋饮桂花酒、重阳饮菊花酒。清代有"酒品之乡，京师为最"之说。当时京城的达官贵人们比较崇尚黄酒，中下层百姓则多喜欢价廉味浓的烧酒。此时北京的名酒，除通州的竹叶青和良乡的黄酒、玫瑰酒、茵陈烧、梨花白之外，还有外地进京的绍酒、汾酒以及国外的洋酒等等。

由于历朝禁酒与开放、专卖与征税的更替，直到明清，酒店才算在北京民间遍地开花。始建于明代隆庆年间的柳泉居，也是见证老北京酒业发展的无数酒店的代表。

明清至民国，北京的酒店大体可以分为官酒店、黄酒店和京酒店。

官酒店为交过税、酒质较好的批发性质酒店，它们自运各路烧酒，成篓批发。黄酒店则售贩花雕、竹叶青、玉泉佳酿等黄酒。而数量最多的京酒店，是北京大街小巷、胡同旮旯随处可见的白酒零售店。这些酒店，又可分为酒馆、酒铺、酒摊、大酒缸等。酒馆即酒饭馆，本以卖酒为主，但经过多年经营发展，成了名副其实的饭馆，并且都有一二样拿手菜或名小吃，驰名京城，如正阳楼的烤羊肉、涮羊肉；都一处的炸三角、烧麦；虾米居（永兴居）的牛肉干、野兔脯……这些酒馆名气大，寻常人也无机会时常光顾，而酒铺、酒摊、大酒缸，则是百姓小酌怡情乃至谈天说地的上佳地点。最具老北京风味特点的便是大酒缸，其兴于清代，盛于民初，学秋氏在《续都门竹枝词》中有"烦襟何处不曾降，下得茶园上酒缸"之说。大酒缸多由山西人经营，得名于柜台外边摆着的半埋地下的酒缸，缸口上盖着漆成红色或黑色的两个半圆形对拼的木质大缸盖作为饮酒桌，周围摆着几个板凳，酒客们据缸而饮，尽发酒兴，再配上周边零卖的炸开花豆、肉皮冻、熏小鱼等下酒菜，与酒友街坊侃大山说故事，可谓是老北京平日的一大幸福消遣之地。

（本文资料主要引自《北京志·商业卷·饮食服务志》）

2009年8月2日

山西刀技与东来顺涮肉

杨超

东来顺饭庄开业于清光绪二十九年（1903），位于王府井大街东安市场北门内的金鱼胡同，创业者是河北省沧州人回民丁德山。以前，京城冬季取暖烧饭多用煤球，而摇煤球离不开黏合剂——黄土。早年，丁德山在京城专干给各煤场送黄土的营生，结识了一个叫郑春荣的山西人，日子长了，俩人成为好友。清光绪二十八年（1902），清政府整修东安门大街的道路，将大街两边的小商小贩都轰到东安门大街东头外、金鱼胡同西口南边的空地上。这里原是八旗子弟兵军机营的练兵场，占地约30亩，因多年不练兵成为空旷荒野之地。开始时，这里很冷清，商贩也不多，时间一长，又增加了一些卖花的、唱戏的、说书的、玩杂耍的，遂逐渐热闹起来，并起名为东安市场（因邻近东安门大街）。清光绪二十九年（1903），丁德山、丁德富、丁德贵哥仨认为东安市场有钱可赚，便不再卖黄土做起了摆饭摊的生意。

刚开始是卖些绿豆杂面汤、豆汁和用荞麦面做的拍糕（扒糕），不久，又增加了玉米面贴饼子和小豆米粥，另备有醋熘白菜、豆浆等。清光绪三十二年（1906），在原地搭了一个棚子，挂出了"东来顺粥摊"的招牌，以招待车夫、马夫为主，生意还挺红火。1912年春，袁世凯发动兵变，焚烧了东安市场，"东来顺粥摊"化为灰烬。这一年，丁德山有一次路过正阳门，正好遇上了山西朋友郑春荣。此时的郑春荣已在肉市正阳楼饭庄主红案,是切羊肉片的能手。当时正阳楼饭庄在京城名气颇大,丁德山自然羡慕,在交谈中,郑春荣说:"仅靠卖杂面、扒糕、豆粥,搞不成大买卖。咱们回民只能从羊上找,从爆、烤、涮上下工夫;得有自己的招数,没点绝活,就甭想发起来。"丁德山听了非常高兴,他恰好也有这种想法,俩人一拍即合。

1914年,经过筹备,丁德山在原粥棚的基础上建起了三开间的青砖灰瓦铺面房,并定名为"东来顺羊肉馆",邀请郑春荣来店帮厨传艺。当时郑春荣在正阳楼做厨师,《旧都文物略》记载:"八九月间,正阳楼之烤羊肉,都人恒重视之,碳于盆,以铁丝罩覆之,切肉者为专门之技,传自山西人,其刀法快,而薄片方整,醮蘸酱而炙于火,馨香四溢。"郑春荣在"东来顺"帮厨时,带出了一大批徒弟,他们切出的羊肉片与师傅的如出一辙。这种羊肉片长约13厘米,宽约3.3厘米,厚0.8毫米,其薄如纸。摆在青花瓷盘里,瘦肉片像盛开的牡丹花一样鲜红;肥肉片洁白如玉,晶莹剔透;肉片红白相间,界限分明,犹如一件精美的艺术品,已经足以与正阳楼的相媲美,东来顺也因此名声大振。

"东来顺羊肉馆"不仅成了寻常百姓常去的场所,就连一些达官贵人、文人墨客也经常出入,品尝涮羊肉的特色风味。后来"东来顺羊肉馆"规模进一步发展,名声也得到进一步的扩大,再后来更名为东来顺饭庄。

20世纪80年代的东来顺饭庄
(供图:郭晓钟)

(本文资料主要引自《北京志·商业卷·饮食服务志》)

2011年1月4日

北京人的衣着走向

单贺 / 来成

新中国成立初期乃至更长时间，北京居民的衣着基本上是"新三年旧三年，缝缝补补又三年"。1954年，国家对棉布实行凭票供应制度，直到1984年11月，布票和棉花票取消。据报载：1962年，王府井百货大楼出售一批纳鞋底用的白线绳，不收布票，引起众人抢购，买回去后人们把线绳拆开，织成线衣线裤，以替代毛衣毛裤。同年，公共汽车公司对售票员衣服磨损情况进行了调查。调查表明：14路公共汽车共有售票员66人，实查42人，衣服上有补丁的21人，占实查人数的50%。23路一售票员一身衣服就有10块补丁，可见穿着之艰难。

文化大革命前，北京居民穿戴的主色调是蓝加黑，男性流行"列宁服"和"中山装"。"文革"期间，不分男女老少，盛行"军绿"、"警蓝"。"远看一大片，近看灰、黑、蓝"，就是那个时代北京人在穿戴上留给人们的记忆。改革开放以来，服饰逐渐从单调走向多样。其形象的比喻莫过于意大利《全景》杂志的评论，曰："以前人们曾把中国人叫'蓝蚂蚁'，现在他们已变成'花蝴蝶'！"

"花蝴蝶"的故事意味着一种面料的没落，但却孕育了无数服饰的新生。首先是面料的多样，化纤布、呢绒、绸缎、毛线等和棉布一起逐渐填充了人们对服装的追求。然而，布料的消费并没有持续太长，流水线的生产方式使得成衣消费成为服装消费的主要方式。统计资料显示：80年

21世纪初的服饰（摄影：董年龙）

代，北京居民平均每人一年购买3—4件衣服，而90年代，已经很难对衣服的数量进行统计了。到2009年，城镇居民人均衣着消费支出达到1796元，比改革开放前的1978年增加1741元。其中，人均购买各类服装支出达到1255元。

2010年的夏天已经到来，人们在不经意间会发现，北京之夏宛如一个知性、多情的靓女，一年比一年更俏丽。装点这座城市的，是那些或随意或精致的寻常百姓的服饰。街头巷尾，千变万化精彩纷呈的服装新潮流，像是流动的彩绘，传送着城市美的信息！

（本文资料主要引自《北京志·综合卷·人民生活志》）

2010年6月19日

话说长袍、马褂与旗袍

单贺 / 来成

在清末的京城，一般市民以着长袍马褂为体面，女性则以旗袍为美。

清末时长袍的特点是：长过膝，领为圆，带大襟，有扣襻，袖适中，摆开衩。马褂则是一种对襟、圆领、有开衩带扣襻儿的外罩衣，颜色以黄为贵，俗称"黄马褂"。而一般平民多着蓝、紫、灰色。

今天，在一些电视剧中常有皇上赏穿黄马褂的情节。何谓马褂？殊不知，现在人们在商店里偶见出售的那种对襟的小棉袄，就是当年马褂的翻版。

说到马褂，自然就会联想到骑马。马褂，是当年人们骑马时穿在身上的一种外罩衣。很多人以为它是满族人的服装，其实据史记载，在明朝初年就有汉人在骑马时穿它，当然满族入关后，北京城里就更是四处可见穿马褂的人了。一般说来，在当时对襟马褂多用作礼服，而琵琶襟马褂用作行装。随着时光的推移，马褂逐渐成为京城百姓的常服。

旗袍曾是清朝入关前后八旗妇女的衣袍，在当时，它不仅仅用来御寒保暖，同时也是区别身份等级的象征。但随着社会的发展，旗袍不再仅仅是上流社会的经典服饰，也逐渐进入寻常百姓人家。

经过近百年的变迁，清末的旗袍样式在今天也发生了新的变化。香港、澳门回归期间，北京顶级旗袍制作工坊"双顺"的第三代传人陆德就应香港之邀设计制作了110套旗袍，样式涵盖了旗袍的起源、旗袍的演变

清末旗人服饰（供图：郭晓钟）

和旗袍的创新。在澳门回归后，"小陆服饰艺术团"赴澳门演出时，12名佳丽身穿款式繁多色彩斑斓的旗袍，出现在舞台上和澳门的大街小巷，在海内外引起了很大反响。"好看"、"漂亮"，"中国又讲究穿旗袍了！"一时间，旗袍竟成为欢庆回归的一道靓丽的风景。

伴随着改革开放，在东西方文化的碰撞与交融下，京城市民的衣着绽放出绚丽的色彩，而旗袍则作为中华民族传统经典服饰被保存下来。今天在喜庆的礼仪，以及大型文化、商务活动中，人们都会看到旗袍的倩影。

（本文资料主要引自《北京志·综合卷·人民生活志》）

2010年6月28日

川底下村的建筑造型

尚显英／陈琛

　　川底下村落是490多年不断完善逐步形成的。明代主要是大墙（正城一道）以上（不含东西石甬居），随着人口增加而不断扩建，到清末民初一直在重修、改建、新建，逐步建成现有规模。川底下村建筑格局有其深厚的军事文化、商业文化、民居文化底蕴。

　　川底下古村根据山、水、方位三要素，选址于斋堂镇小北沟峡谷北侧的缓坡上，环境优美，有较完备的防洪排水系统。村中房屋庭院因地制宜，依山而建，沿山势高低分台而筑，层层叠叠，形成以清代四合院为主、三合院为辅的兼有明代院落风格的建筑群。其建筑造型多是由正房、倒座、厢房及耳房、罩房组成的山地四合院，最大的特点就是小巧玲珑，其单体建筑造型均由传统的屋顶、屋脊、台基三部分组成，为抬梁式构架体系，其等级排序依次为正房、倒座、左右厢房、耳房和罩房。正房一般坐北朝南，为3开间（村中唯一最大的正房为5间），"间"宽2.4米，整个山墙高约2.7—2.9米，但其地面高度高于其他房间1米，设台阶五级，所以在院中看，正房的檐口高度则有3.7—3.9米。在正房东山墙上均设有泰山柱，以增加房屋的坚固性，并取东为长、大之意；倒座一般也为3间，间宽、高度、进深均小于正房，台阶二到三级，其后檐墙不开窗或仅开两个小高窗，其檐部为封护檐；左右厢房均为2间，间宽、高度更次之，间宽2米，檐高2.4米。耳房、罩房的檐口则更低，形状因地势而变。

川底下村（摄影：郭晓钟）

  整个村落屋顶均为硬山式清水脊，即瓦顶的脊用砖砌线角，脊两端做象鼻子（当地称"蝎子尾"），脊上的雕花形状各异，各具特色。建筑充分利用当地的天然材料——青灰色砖瓦，素雅古朴。合院中各房间的门及主要窗子均开向院内，部分有后院的院落，其前院正房的后墙设有开向后院的门窗。门窗全部在原木上刷以桐油，以防腐防潮，保持原木本色，外观古朴典雅。在建筑山墙上，靠近脊的位置有一直径约为20厘米的圆形白色装饰，具有装饰和对景的作用。当建筑位于公共活动空间处时，常在靠檐口部设有内刻"泰山石敢挡"的壁龛。

  整个川底下村山地四合院，全部就地取材进行建造，除青砖、灰瓦等经过简单的加工制作外，其余墙体维护材料，石材和屋架的木材等几乎均是未经加工的原始天然材料。同时建筑中没有繁缛的斗拱、绚丽的彩画，而厚实的墙体、挺直的屋脊雕刻及淡雅的书画形成川底下村民居质朴、简洁、不施粉黛且清雅恬淡的建筑风格，产生出与环境极其融合的村落景观。

（本文资料主要引自《川底下村志》）

2010年1月18日

话说四合院

王国英

四合院是老北京城市建筑的基本元素,《日下旧闻考》中引元人诗云:"云开间阖三千丈,雾暗楼台百万家。"这"百万家"的住宅,便是如今所说的北京四合院。

四合院建筑的布局,是以南北纵轴对称布置和封闭独立的院落为基本特征的。由四面房屋固合起一个庭院,成为院落的基本单元,称为一进四合院,两个院落即为两进四合院,三个院落为三进四合院,依此类推。

北京正规四合院一般以东西方向的胡同而坐北朝南,基本形制是分居四面的北房(正房)、南房(倒座房)和东、西厢房,四周再围以高墙形成四合,开一个门。大门辟于宅院东南角"巽"位。房间总数一般是北房3正2耳5间,东、西房各3间,南屋不算大门4间,连大门洞、垂花门共17间。如以每间11—12平方米计算,全部面积约200平方米。

典型的坐北朝南的二进院,宅门建在整个院落东南角上,走过两边立着门礅的宅门,迎面是一堵影壁墙,影壁墙前向西为前院,前院南侧为倒座房,旧时用作客房、书塾、杂用间或男仆的住所。自前院中轴线上的垂花门便进入面积较大的后院,后院坐北朝南的正房是供一家人的长辈居住,正房左右附耳房或小跨院为厨房、杂屋、厕所,院内东西厢房是晚辈的住处。

四合院的院落宽绰疏朗，四面房屋各自独立，又有游廊连接彼此，起居十分方便。封闭式的住宅使四合院具有很强的私密性，关起门来自成天地。院内，四面房门都开向院落，一家人和美相亲，其乐融融。居住者还喜欢在宽敞的院落中植树栽花、饲鸟养鱼、叠石迭景，尽享大自然的美好。

20世纪50年代的四合院（供图：郭晓钟）

四合院模型（供图：李卫伟）

据《房地产志》记载：明代，四合院在建筑规模、式样和装饰上有了等级划分。因而在建筑色彩上，除贵族府第外，一般住宅四合院多采用材料本身的颜色，青砖灰瓦。虽以大面积的灰青色墙面和屋顶为主，却在大门、二门、走廊与主要住房等处施彩色，大门、影壁、墀头、屋脊等砖面上加若干雕饰，墙体磨砖对缝，工艺考究，虽为泥水之作，犹如工艺佳品。雕饰图案更是以各种吉祥图案为主，如以插月季的崐花瓶寓意"四季平安"，以蝙蝠、寿字组成的"福寿双全"，还有"子孙万代"、"岁寒三友"、"玉棠富贵"、"福禄寿喜"等等，展示了老北京人对美好生活的向往。

（本文资料主要引自《北京志·市政卷·房地产志》）

2010年6月12日

从四合院到筒子楼
——京城民居变迁（上）

单贺／路丽

北京四合院源于元代院落式民居。元建大都城时，为鼓励在都城内建造民房，元世祖忽必烈颁诏，让金中都旧址居民，特别是有钱的商人和有官职的贵族到大都城内建房，于是出现规模建造的院落式住宅。明代，居民住房沿袭了元代的模式，多为大大小小的四合院，大到府第、豪门，小到一般小院和部分排子房。到了清代，实行"满汉分城居住"政策，八旗官兵及其家属居于内城，外城则是汉官及商民人员，但住宅仍以四合院形式为主。四合院有大、中、小之别，其中尤以小院居多。它们大大小小，星罗棋布，或处于繁华街面，或处于幽静深巷之中。

20世纪初，在西式建筑和生活方式的影响下，北京传统的建筑格局逐步有所突破，四合院式住宅也出现新变化。大量的平民聚居在大杂院，更多的则陆续被楼房所替代。据20世纪20年代至30年代调查，北京中上等收入家庭，每家平均有4.6间房，工人、贫民家庭平均每家只有1间至2间房，甚至有的1间房住6至7口人。

民国时期，由于大批外来人口涌进北京，住房曾一度紧张。过去一座四合院只住一家人，随着越来越多的住户进入，一座四合院便住进了两家、三家……甚至多到十几家，成为北京人所说的"大杂院"了。

新中国成立后，1957年北京市提出以"小区"为基本单位进行建设，建设了夕照寺、三里屯、龙潭、永安里等小区，配套建成了幼儿园、学校、

20世纪80年代筒子楼情景（摄影：洛路）

商店等公共服务设施，并修建草坪绿地。但由于住宅建设的速度赶不上人口增长速度，1957年，城镇居民人均居住面积下降到了3.7平方米。为了解决职工居住问题，一些单位将办公楼逐渐改造成单身职工宿舍或学生居住的集体宿舍，继而成为了职工家属楼，这便是让很多人记忆犹新的"筒子楼"。楼内，一条长长的走廊连接着众多十几平方米的单间，楼里的居民共用一个卫生间。各家各户都在走廊里生火、做饭，并堆放杂物。一到吃饭时间楼里就热闹非凡，充满了烟尘和烹饪的味道。谁家吃了什么，邻居闻着味儿就能知道。说是楼房，其实就像是个大杂院。

筒子楼的居住面积小、人口多、环境差，给人们的生活带来诸多不便。能够早日搬出，住进宽敞明亮的新居民楼……成为筒子楼里居民的共同企盼。

（本文资料主要引自《北京志·建筑卷·建筑志》）

2010年9月13日

城市花园宜居住宅
—— 京城民居变迁（下）

单贺／路丽

20世纪80年代，北京市推行城镇住房制度改革，加快危旧房改造与安居工程建设，成片排列整齐的住宅楼群如雨后春笋般涌现。错落有致、布局规整的居民区以崭新的姿容展现在世人面前，成为京城大地上一颗颗璀璨的明珠，如方庄、回龙观、望京住宅区等。小区设计格外强调自然与建筑的韵律感，有大片绿化面积融合建筑，为居民提供温馨、舒适、方便的居住环境。

随着住房改革的深入，北京的住房配置由实物分配一统天下，逐渐转变为以市场交易为主的普通商品房、限价商品房、经济适用房、廉租房等商品房和保障性住房并存的多层次住房供应体系。京城百姓的住房记忆伴随着四合院、大杂院、筒子楼、"等、靠、要"的福利房过渡到现代化物业管理的住宅社区，悄然发生着翻天覆地的变化，几代人的住房梦想在时代的浪潮中变得清晰而真实……

今天的北京人不再满足住得下了，开始向住得宽敞发展，从"安居型"向"舒适型"、"享受型"过渡。随着个人购房时代的来临，人们的住房愿望也从"居者忧其屋"转变为"居者有其屋"，市民住房品质不断攀升，生态住宅、绿色住宅等高端住宅不断涌现，装修也追求高档精装，不断实现"居者优其屋"。

楼房越来越高，环境越来越美，人们的住房观念也越来越新了。除

20世纪90年代方庄小区（供图：郭晓钟）

适用、经济和美观之外，还强调环境和性能，注重生态宜居和环保低碳的完美结合。居住区也从"闹市"向"郊区"转移。过去人们从影片里看到的发达国家才有的复式楼、错层楼、叠拼院落、别墅，还有花园式小区、智能化小区……也开始进入人们的生活，更大限度地满足人们的宅居需求。2006年末，北京实有住宅建筑面积为32665万平方米，2008年末升至36270万平方米。2008年，城镇居民人均住宅使用面积为21.56平方米，比1978年的6.7平方米，增长了3倍多。

时光流逝、岁月荏苒，我们的居住形式已经发生了太大的变化。北京，这座古老而现代的都城，各种住宅文化模式在这块宝地上相互交融，随着建设"世界城市"的推进，北京，正孕育着自己特有的宅居韵味！

（本文资料主要引自《北京志·建筑卷·建筑志》）

2010年9月20日

话说旧京的出行

单贺／路丽

明清时期，北京地区居民短途出行多靠步行，一些贵族、官员、富户乘轿子或坐驴马车者居多。说起轿子，无人不知，可分为俩人儿小轿，四人小轿和八人以上抬的大轿等。按用途又分官轿、民轿、喜轿、快轿等。那个时代，乘轿是身份的象征，等级要求特别严格，如有违犯必受严惩。

清乾隆年间，骡车开始兴起。一般使用榆木、柳木、桦木制造，高档的还有使用红木制的，装饰也比驴、马车讲究，又快又稳当。有大鞍、小鞍之分，朝官所乘为大鞍车，皆为自用专车，称为拴车。一般百姓只能乘坐普通的小鞍车。当时极为流行，相当于现在的小轿车，有私人的，也有出租的。

清末民初，各种新式交通工具亮相京城，居民出行方式多样化。其中，最显著的就是人力车和三轮车。人力车，北方叫洋车，南方叫黄包车、东洋车，由日本传入中国，1874年，日本商人将人力车进献给慈禧太后，太后出宫时还曾乘坐过此车，它的两个轮子均为木制，为了坚固上面还包了一层铁皮，所以又称"铁皮车"。后来，这种车逐渐在民间流行开来，路口、饭馆、市场、店铺的门外，都能看到人力车夫的身影，随叫随走。随着社会需求的增加，人力车的结构、装饰不断改进，有了"黑老虎"、"周身铜"等车型。据20年代末30年代初的调查，北京约有人力车3.7万辆，是当时老北京主要的交通工具，人力车夫约5.5万人，而当时北京人口为80万人左右，人力车夫的人数约占当时北京总人口的7%。

三轮车是人力车与自行车结合的产物，由于实用性强，受到北京市民的喜爱，逐渐取代了人力车，成为街上的一道风景。

新中国成立前居民出行的主要工具（供图：郭晓钟）

当时有这样一个顺口溜："三轮车，真时兴，不用腿跑用脚蹬。去前门，逛故宫，东便门外蟠桃宫。坐三轮，心宽松，不用担心打天秤。"1940年，北京城租赁三轮车的车行就达到了200余家，三轮车总数达到了1万辆左右。

汽车在民国时期传入北京。官僚政客、富商大贾出门坐汽车成为身份高贵的象征。1913年，北京出现了小汽车出租行，至1929年，车行发展到60余家，有汽车200余辆，乘坐出租车的主要是富有阶层。

20世纪初，京城街头还有一种新型现代化公共交通工具——有轨电车。由于车顶上的接线设备和电车行驶中发出的声音，人们形象地称它为"摩电车"或"当当车"。1924年12月，由官商合股的北京电车股份有限公司开辟第一条前门至西直门之间的有轨电车线路通车，全长9公里，当时，共有10辆有轨电车用于运营。1929年，北京有电车82辆，但大部分车辆老化，运营维艰。1935年，北平政府组建公共汽车管理处，有车30辆，4条营业线路，以辅助解决电车运力不足。

（本文资料主要引自《北京志·综合卷·人民生活志》）

2010年10月6日

从自行车到"多样化"
—— 崛起的北京现代交通

单贺／路丽

改革开放以来，北京的交通建设日新月异，从平整宽阔的环路、街道，四通八达的快速路、高速路，到宛若城市彩带的立交桥、天桥，北京的交通以其惊人的发展速度发生着翻天覆地的变化。

四十多年前，北京道路上汽车稀少，自行车是市民家庭的主要代步工具。骑上一辆"永久"或"凤凰"牌自行车，不逊于现在开着高级轿车的风光感觉。到了20世纪80年代，摩托车走入人们的视线，成为市民的"新宠"，当时是时髦与新贵的象征，骑着一台摩托车穿梭于城市的大街小巷，会招来不少羡慕的眼光。如今，自行车、摩托车等交通工具逐渐被"私家车"所取代，汽车"飞入寻常百姓家"，而且数量不断攀升，成为市民出行的重要交通工具。统计数字显示，2009年末，北京机动车拥有量为401.9万辆，比1978年增长66倍；私人汽车拥有量达300.3万辆，比1987年的7148辆，增长了420倍。

现代的北京，不仅交通工具由原来的单一化趋向多样化，车型和用途也越来越广泛。个人出行选择的余地非常大，骑自行车、自驾车、乘坐公交或地铁、"打的"等等，上班族中还流行时尚"拼车风"。多种交通方式全方位融合，更好地实现无缝拼接，交通管理严格规范，客运服务热情周到，公交"一卡通"便宜便利，让百姓尽享快捷、经济、方便、舒适、高效的服务，创造别样的、更具魅力的北京出行。老北京人老程回忆起

20世纪40年代的主要交通工具（供图：郭晓钟）　　现代交通图（摄影：贾云龙）

20世纪60年代挤公交的经历，对现在的交通状况深有感慨："现在的北京路宽了、车多了、公交服务更贴心了。"

为适应交通发展城市化和机动化，市政府加快道路基础设施建设，不断增加路桥数量，统筹发展首都路网，提升交通现代化水平，在更大的空间范围内缓解首都人口、资源、环境的矛盾。2008年，全市道路长度6186公里，较1978年增长了近3倍，其中，快速路242公里，主干道755公里；公路里程达20340公里，较1978年增加了3倍多；桥梁1738座，其中，立交桥381座，而1974年时全市立交桥仅有1座。

但是，道路的增加不及机动车的增长速度，造成交通拥堵频发，并成为影响北京交通发展的巨大障碍。为确保道路的畅通，满足市民的出行需求，近年来，市政府积极提高交通管理水平、智能化和服务来提高城市交通效率，解决出行问题，努力构建以"人文交通、科技交通、绿色交通"为特征的新北京交通体系，力争交通与城市布局协调发展，加快智能交通

国贸立交桥（摄影：郭晓钟）

建设，让崛起的现代交通扮靓城市，将出行的高效便捷贯穿民生，为市民创造更加美好的生活。

（本文资料主要引自《北京志·综合卷·人民生活志》）

2010年10月11日

低碳出行与绿色北京

单贺／路丽

据史书记载,早在尧舜禹时期,人们就已经"陆行乘车,水行乘船,泥行乘橇"。历史悠久的北京城,车水马龙是永恒的风景。21世纪的今天,便捷的现代交通瞬时链接都市繁华,为人们的出行带来极速体验,创造舒适、快捷、时尚、互动的都市旅程。

近年来,随着北京市机动车数量猛增,中心城区由于功能聚集,交通拥堵问题严峻,拥堵范围还趋向外围和放射线道路蔓延,空气污染问题严重,"绿色低碳出行"已成为全社会关注的问题。

为此,市政府大力推进以轨道交通为骨干、地面公交为主体、步行和自行车等多种交通方式相融合的绿色出行系统建设,同时出台了错峰上下班、机动车尾号限行、优化公交线网、实施差别化停车费等一系列综合治理措施,实现标本兼

轻轨列车(供图:郭晓钟)

治，破解交通困局，打造"公交城市"。

谈到公交，它可是北京人生活中密不可分的一部分。改革开放以来，北京的公交运营规模逐年扩大，设施不断完善，已形成以公共汽车、出租车和地铁组成的综合公共交通体系，逐步建立以快线网为骨架、普线网为基础、支线网为补充的三级公交网络，努力实现全市公交无缝覆盖，真正让百姓的出行享受到"零换乘"带来的便利。

地铁是城市的符号，也是新时代北京公交的主力军。随着1981年9月15日地铁正式对外运营，北京地铁以跨越式的速度向前发展，开启了全新的轨道交通时代。目前拥有9条轨道交通线路，总长228公里，日客流量达480万人次。规划到2015年，将正式形成"三环、四横、五纵、七放射"总长561公里的轨道交通网络，配套建设P+R停车场，日客运量将达800万人次。地铁设计也全面运用高新科技，从新潮个性、风格迥异的车站、时尚亮丽高性能的列车，到轨道电视、人性化设施、手机信号全覆盖等无一不体现了节能环保、以人为本的北京交通建设理念。

统计数字显示，2009年末，北京市公交运营车辆23730辆，比1978年增长了约8.7倍。其中，公共电汽车21716辆，轨道交通2014辆；运营线路701条，较1978年的119条增长了5.9倍。据调查，2009年北京的公共交通出行比例上升到38.9%，首次超过小汽车的出行比例。

自行车也是当今低碳出行的重要工具，骑上它既省时、省力，又不受路面的限制，还能健身，不污染环境。在城市"道路拥堵"的今天，在呼唤"绿色环保"和低碳生活的时代，市政府积极鼓励市民骑车，大力发展自行车租赁业，增加租赁点和租赁规模。骑自行车，是贯彻"绿色北京"理念、实践"绿色出行"的典范！

百年来，北京的交通走过了漫长而非同寻

一号线地铁（摄影：郭晓钟）

长安街上的公交车（摄影：郭晓钟）

常的发展道路，居民出行发展变迁的轨迹清晰可见。沿着这条轨迹，我们会发现，北京交通发生了翻天覆地的变化。沿着这条轨迹向前的，正是更具魅力的北京出行的美好未来。

（本文资料主要引自《北京志·综合卷·人民生活志》）

2010年11月18日

古都中轴线上的桥

罗保平

北京的南北中轴线是北京城建设的规划主线，由于位置显赫，北京的重要建筑很多都分布在这条中轴线上。这条中轴线是元初兴建大都城时确定的，说起来还与金水桥多少有点关系。

金水桥与"独树将军"

1260年，忽必烈于开平称帝后来到燕京，因金中都的宫城已毁于战火，只好暂时住在北海琼华岛上的故金离宫大宁宫之内，这里的优良环境与秀丽景色给忽必烈留下了深刻印象。1267年，他决定废弃金中都，命刘秉忠以大宁宫为中心兴建大都城。据《析津志》记载，大都城兴建之际，忽必烈来到现场，他问刘秉忠如何确定大内的坐标方位，刘秉忠指着后来丽正门外第三桥南侧的一棵大树说，这就是确定大内方位的坐标点，忽必烈认为可

20世纪50年代初的千步廊（供图：赵信儒）

以，遂将这棵大树封为"独树将军"，并赐以金牌，由是这棵具有特殊身份的大树便名声鹊起，远近皆知。元大都建成后，南城墙约在今东西长安街的北侧一线，共设三门，中曰丽正门，东曰文明门，西曰顺承门。丽正门大约在今天安门的位置之处，丽正门外有三座桥，第一桥叫龙津桥，其余二桥不知名。门外第三桥应在今天安门前中间的汉白玉石桥位置上。可见，今北京城的南北中轴线就是以金水桥正中桥南侧的那棵大树确定的。以后每年节日期间，人们便来到丽正门外，在这棵将军树上挂满诸色花灯，左近即为商市，售卖米甜食、面饼、枣糕等各种风味小吃，还有酒肉茶汤，无不精备，游人到此常流连忘返。后这棵将军树不知何故干枯而死，于是人们又在原地栽了一棵小树，以期延续此风，但这棵将军树最终还是被湮没于历史的长河之中。在北京的南北中轴线上除金水桥之外，还有几座桥也很有名。一是鼓楼南侧的万宁桥，一是前门外正阳桥，一是珠市口之南的天桥。

万宁桥与通惠河

忽必烈定都燕京之后，为解决漕运问题，命都水监郭守敬开大都至通州的运粮河，1293年运河开凿完工。河道开通之后，忽必烈过积水潭，见河内舳舻蔽水，盛况空前，遂赐名通惠河。从此南方漕船便畅通无阻的直达大都城内积水潭。万宁桥正处于积水潭向东与通惠河相连的入口处，因在地安门之北，积水潭东岸，所以俗称后门桥，又称海子桥。最初为一座木桥，因腐朽易坏，后来才改为石桥。据说桥下还刻有"北京"二字，说只要水涨

万宁桥（摄影：郭晓钟）

到北京二字之上就意味着可能要发生水灾。通惠河开通之后，南方商旅也乘机沿河北上，到达大都后一部分便在丽正门、文明门之外进行商贸活动，使这一带商业很快发展起来，当时丽正门外就有菜市、草市与穷汉市，丽正门外西巷街北还有太平楼，丽正门南有德星楼、状元楼等建筑，可见相当热闹。

正阳桥与"摸钉"

正阳桥就是前门的护城河桥，最初为木桥，因明正统四年（1439）丽正门改为正阳门，故名，桥也改为汉白玉石拱桥。桥的南侧有一牌楼，这就是著名的五牌楼，也是前门大街最重要的装饰性小品建筑，因有五个门洞而得名。五牌楼亦建于明正统四年（1439），其上油漆彩绘，额书"正阳桥"三字，雄伟壮观，在北京的牌楼中以其规模最大。很可惜，1958年为方便交通五牌楼被拆除。2001年，五牌楼在原址复建，仍为五楹彩画，现已成为前门大街的重要景观。北京旧时民间有一风俗叫"走桥摸钉"，

复建后的五牌楼（摄影：赵信儒）

即每年正月十六妇女都要结伙群游，祁免灾咎。那天头前有一人持香开道，此举即谓之"走百病"。凡有桥的地方，妇女相率以过，谓之"度厄"，此举是为"走桥"。此外，还要到各城门去摸城门上的铜钉，暗中举手如摸中一枚门钉即为吉兆，此即谓之"摸钉"。人们认为凡摸中门钉者宜生男孩，所以这天晚上很多妇女都特意赶到前门，过正阳桥，来摸前门中门的门钉。清高士奇有一首《灯市竹枝词》，咏叹京师正月灯景，其中的"夜深结伴前门过，消病春风去走桥"诗句，说的就是十六之夜妇女在前门走桥摸钉的情景。

天桥与龙须沟

天桥位于永安路与天桥南大街相交路口处，永安路与天坛路过去是龙须沟的旧址，天桥就位于龙须沟之上，是一座三梁四栏式汉白玉石桥。因它的南边不远就是天坛，明清时期皇帝到天坛祭天时这里是必经之路，所以被称为天桥，也是北京外城正南的交通要道。清末以后，天桥一带逐渐发展成为北京市民的文化娱乐中心，成为北京最负盛名的地区之一。北京中轴线上的这些古桥，也是许多重大历史事件的见证者。明初，燕王朱棣发动靖难之役，建文帝派军北伐，双方于丽正门（即今天安门）之外展开大战，丽正门桥就是双方争夺的要点之一。明代中期，瓦剌大举入侵京师，于谦指挥诸路军马抵御强敌。其中都指挥李端即镇守于正阳门之外。"一二·九"运动爆发后，12月26日，北平学生再次举行声势浩大的抗日救亡大示威。游行队伍分为四路汇集于天桥，举行市民大会，前门大街就成为各路学生前往天桥的主要通道。会后学生整队向前门进发，正阳门桥上站满游行的学生，高喊口号，充分表达了学生们的抗日爱国热情。随着北京的历史变迁，如今正阳桥与天桥早已拆除不存在了，只有金水桥和后门桥还屹立在原来的地方，并已成为北京市重点文物保护单位。

（本文资料主要引自《析津志》辑轶）

2009年5月2日

走访沿河故城

郭晓钟 / 侯志云

一老友相邀，说想去看看沿河故城。沿河城？我对此一无所知。老友已退休，喜史料收集工作，常和老伴云游京畿，他跟我提及此事，想必这沿河城定有一些来历。

于是找来《门头沟地名志》：沿河城地区自新石器时代就有人居住，金已成村。因其地处几条山涧汇入永定河入口处，曾名："三岔（汊）村"。明代永乐初年，屯兵于此，更名"沿河口"。明万历六年（1578）城垣建成，复更名"沿河城"。其隶属长城内三关（居庸关、紫荆关、倒马关）之一的紫荆关所辖，是塞外通往北京的要冲之一。

一个明亮的夏日，汇合老友一家，清早从城里出发，和当地史志办同仁接上头，便一路向西，沿著名的109国道，向斋堂进发。一路崇山峻岭，一路青葱翠绿，一路水流相随。进入斋堂镇向北，新修的柏油路在山脊间流转飘动；山越来越高、越来越险，如果没有这条公路，当地村民要出山进山的艰难可见一斑。40分钟后，一座崔嵬雄壮的城

沿河城街内的门楼（摄影：侯志云）

门撞入眼帘，城门中央阴线勾勒"永胜门"三字。到了，这就是沿河城。

接待我们的是一当地村民，对古城颇有研究，因作《沿河城赋》而成本村"才女"。在村委会，她娓娓向我们叙说古城的前世今生：嘉靖二十九年（1550）蒙古鞍鞯部骑兵绕过长城，经紫荆关，突破沿河口，顺着山涧峡谷迂回，七百骑兵突然占领安定门外教场，兵临城下。明朝廷大为震惊、恐慌，遂决定在沿河口筑城相守。自建城以来，这一带竟相安无事多年。区史志办的研究人员讲述，七七事变爆发后，抗日英雄白乙化于1939年6月19日，动员大量正规部队和民兵，在沿河城附近伏击了日军三岛大队，击毙了奥村中队长在内的300余名日军，并迫使几名逃出伏击圈的日军军官在斋堂附近的山神庙剖腹自杀。

沿河城敌台（摄影：郭晓钟）

我们随后踏勘了这座400余年的故城，城池坐南朝北、背山向河，东西长约420米，南北长约300米，城周1182.3米，整个城平面为D形布局。东门（京城方向）曰"万安"，西门（边关方向）曰"永胜"，一条石板铺就的主干道，连接东西二门。虽永胜门城楼已毁，但城门保护得非常完好，显示出威武气派之势。城墙用大块鹅卵石和条石铺砌而成，高达十几米，宽3米余，城基上有一米多宽的马道，供骑马巡城之用，上有雉堞女墙，供瞭望射击。

如今徜徉在古城新铺就的大理石街道上，村中的一级古槐在清风的吹拂下向我们讲述着曾经的光荣和梦想；完整的D字形城墙静静地向我们展示着几百年来的岁月沧桑；村中心的古老戏台，仍向我们描述着当年"军民同乐"的热闹非凡；原城中的三街六巷七十二条胡同中，仍保留不少典型的明清风格的民居；素有"沿河城八景"之说的景物依然历历在目。

（本文资料主要引自《门头沟区志》）

2011年8月30日

京城又到赏花时

王铁鹏

阳春三月，春暖花开，正是人们走出家门，放飞心情的大好时光。这时，或到田间踏青，或到公园赏花，是最惬意不过的事了。北京的花卉栽培，辽代已经相当发达，到明代花卉种类繁多，根据《帝京景物略》记载，"入春而梅，而山茶，而水仙，而探春；中春而桃李，而海棠，而丁香；春老而牡丹，而芍药，而李枝……"牡丹、芍药为历代皇家园林栽植的花卉佳品，景山曾以种植牡丹、芍药盛名一时，万历三十年（1602）闰二月添盖观花殿，植牡丹、芍药甚多。现在观花殿虽已不存在，但景山种植牡丹、芍药的传统却流传至今。光绪二十九年（1903），颐和园排云殿之东建国花台，依山之麓，划土为层，其上满植牡丹，每花时则繁英灿烂，洵为美观。北海公园的牡丹也很有名气，据嘉庆四年（1799）九月十七日奉宸宛财务档记："北海浴兰轩有牡丹十六墩，每墩做花罩，添换文。"

清代，北京的宗教也很兴盛，在寺观中，无论是否建立独立的园林，都十分重视寺观内的庭院绿化。不少寺观以古树名木、花卉栽培而名重一时，形成盛大的花事。雍正十一年（1733），重修崇福寺，并改名为"法源寺"。它的庭院绿化在当时的京师颇负盛名，素有"花之寺"的美称。每进的庭院均有花木栽植，而最为时人所称道的是满院的花卉佳品，如海棠、牡丹、丁香、菊花等。法源寺花事大约始于乾隆年间。海棠为该寺名花之一，主要栽植在第六进的藏经阁前。乾隆时的诗人洪亮吉有诗云：

北京植物园的牡丹（摄影：郭晓钟）　　　　　长安街边的玉兰（摄影：郭晓钟）

"海棠双树忽绝奇，花背深红面复白。岂惟花色殊红白，日午晓霞光尤澈。"直到清末，法源寺之海棠仍十分繁茂，花事经年不断。"悯忠寺前花千树，只有游人看海棠"（《北京风俗杂咏》）。丁香亦为法源寺之名花，主要栽植于寺中钟鼓楼附近和第五进的观音殿前，以及别院的斋堂僧舍庭院，有白丁香、紫丁香等品种，白丁香达百余株。盛开时节，香飘寺外，文人们几乎每年都要在寺内进行"丁香会"，尤以清代为盛，当时赫赫有名的纪晓岚、黄景仁、龚自珍和名噪一时的宣南诗社，都在这里留下过流连的足迹和诗篇。1924年4月26日，印度大诗人泰戈尔由中国诗人徐志摩陪同到法源寺观赏丁香花。与法源寺相距不远的崇效寺，清初仍以枣花闻名，素有"枣花寺"之称。乾隆年间又以丁香花繁盛名噪一时。同治、光绪年间则以牡丹"冠绝京华"。牡丹又以姚黄、魏紫、龙川绿、墨牡丹等精品最为闻名。每逢暮春，各色牡丹奇葩争妍，诗人墨客及百姓纷至沓来，争相观花，曾与观赏法源寺丁香、恭王府海棠一起并称京畿三大花事。1913年5月5日，鲁迅先生和许寿裳先生同到崇效寺内观赏牡丹。虽然崇效寺到20世纪30年代已经颓废了，平时很少游客，但是一到牡丹盛开季节，不少人还是到那里去赏牡丹。1935年北宁铁路局"特开观花专车，游踪所至莫不以一瞻崇效寺牡丹为幸"。

　　如今赏花多了许多去处。杏花是北方较早盛开的花卉之一，凤凰岭景区南线600余亩的成片杏花，是京城观赏杏花的首选之地。杏花节期间，这里的杏花竞相开放，恰似一片花的海洋，极为壮观。颐和园乐寿堂的玉兰，每年4月竞相开放。据《颐和园志》记载，玉兰在乾隆时期成

北京植物园的紫丁香(供图:刘东来)

片种植在乐寿堂一带,花开时被称作"香雪海",现遗存两棵,被列为古树名木。1棵紫玉兰,在乐寿堂后院,1棵白玉兰,在乐寿堂西院,均枝繁叶茂,花朵喜人。大觉寺的玉兰,久负盛名。尤以南院行宫四宜堂前的两株,是乾隆年间从四川移植而来的,向以"花繁瓣大"、"玉洁香浓"、"一干一花刚劲俊逸"而闻名京城;北院的两株玉兰,为光绪年间种植。北京市植物园牡丹园,栽培牡丹280个品种上万株。牡丹园地形起伏,树木疏朗,配以亭阁,更显天香国色的牡丹艳丽多彩。丁香碧桃园位于卧佛寺东南,面积5.4公顷,1983年建成。碧桃园内以大草坪为中心,种植碧桃1000余株。其北为丁香园,园内种植丁香40多个品种,每年初春花季,姹紫嫣红,如云如霞。自1989年北京市植物园首次承办桃花节,如今已整整20个年头。卧佛寺天王殿前右侧檐下,有一丛腊梅,传为唐代所植,已逾千年,名列北京腊梅之冠。因几百年前,枝叶曾枯萎过一次,后又复活,故又称之"二度梅"。这株腊梅,数十条枝干在方圆不到一米的地方破土而出,高达二三米。每年2月底3月初开花,花瓣外层黄色,

北京植物园的桃花（摄影：郭晓钟）　　玉渊潭公园的樱花（摄影：郭晓钟）

内层淡紫，香味浓郁。玉渊潭公园也是春季赏花的好去处。原在1973年，日本首相田中角荣赠送的大山樱花苗，经过十多年培育，逐渐进入生长旺季。每年春天花开如霞，吸引着大批游人前来观花。1989年4月，玉渊潭公园首次举办樱花观赏活动。此次樱花观赏活动，历时10天，接待赏花游人十多万人次，以后每年春节都举办樱花节。

（本文资料主要引自《北京志·市政卷·园林绿化志》）

2009年3月29日

雨中登银山

杨超

银山位于昌平区域东北下庄乡境内，《天府广记》记载："银山冰雪层积故名，麓有石崖，黑色，又名铁壁。"后有"银山铁壁"之称，明、清时为"燕平八景"之一。出发的时候，老天就不作美，时而滴几点小雨。准备登山的时候，雨突然又下大起来，不过好在不是大雨，登山无大碍。

登银山的独特之处是，一边登山一边可以欣赏到风格独特的墓塔。走在进山的路上，远远望去，有几座墓塔耸立在银山的山脚下。据《昌平县志》记载：唐代银山建有寺院。唐元和年间（806—820），名僧邓隐峰曾在此修行。辽寿昌（隆）年间（1095—1101），满公禅师在此建宝岩寺，其后通理、通圆、寂照禅师先后在此修行说法。金天会年间（1123—1135），云门宗名僧佛觉大禅师海慧到此山。此后，殿宇丹墀之间先后建成埋葬金代名僧舍利的密檐式砖塔5座。元代以后，银山地区的寺院又不断增加和改建。明宣德四年（1429）四月，司设监太监吴亮出资重修大延圣寺，正统二年（1437）二月告成；同年，明英宗朱祁镇钦赐寺额"法华禅寺"。除法华禅寺外，较著名的还有铁壁寺、弥勒院、碧峰庵、逊峰庵、松棚庵等。1941年，法华禅寺及附近寺庙被日军拆毁，此后又不断受到自然风雨和人为损坏，到昌平县解放前，寺庙建筑已全部不存，仅存有残坏的金代密檐式砖塔5座，元代喇嘛塔两座、碑刻和僧人墓塔。

银山塔林（摄影：郭晓钟）

站在山脚下，仔细端详这几座灵塔。看上去虽然都不是太高，但是造型精美，很有气势。在金代密檐式砖塔中，佛觉、懿行、晦堂三塔为八角形，砖砌仿木结构；圆通、虚静二塔为六角形。5座塔中，佛觉塔为最大的一座塔。《昌平县志》记载：该塔十三层檐、八边形，从塔刹"火焰宝珠"以下部分，总高20.1米；塔基座由上下两层须弥座组成，下层为花岗石雕，由上枋、上枭、束腰、下枭、下枋等组成；上层为砖雕，中间束腰部位每面各分2间，每间雕1壶门周雕花卉，间之间雕花柱间隔，束腰之上施双抄四铺作斗拱，斗拱上承托大华版饰卷草图案，束腰之下叠涩垒砌成上小下大形状。塔身为实心结构、檐下部四壁雕假券门，券面砖雕刻成对的飞天、龙凤、花卉等图案。拱券下部各雕两扇四抹扇门，南面券门在券面砖与扇门之间嵌有白石塔铭，篆刻"故国佛觉大禅师塔"；塔的其他四面雕假菱花格窗，转角处雕塔柱。

沿着寺院废墟往上攀登，每走一段石阶，就会听到潺潺的流水声。抬头远望，一股股泉水，像一缕缕白沙从山上顺势而下，似乎在为你轻声和唱，一路相随。石阶时缓时陡，迈步其上，却一点也不觉得累。窄窄的石阶路，被两边茂盛的植被包围，有松树、柏树、橡树等等。雨透过树叶的缝隙，嘀嗒嘀嗒的落到脸上、背上……有一种"细雨撩人，心旷神怡"的感觉。在山路的两侧，远远地时而可以看到大大小小的墓塔，高的有数丈，低的只有径尺。这些墓塔的大小和高僧、和尚、尼姑在佛门的等级、地位不同而大小各异。《昌平县志》记载："元、明、清代银山地区所建僧人墓塔数量多，形制大多为覆钵式喇嘛塔。形体各异、大小不一的僧人墓塔分布在法华禅寺院内以及银山山麓，形成墓塔区，民间有'银山宝塔数不清'之说。"

而现在灵塔多数被破坏，只有少数的灵塔还在恪尽职守着这座美丽的山峰。《燕山纪游》记载："银山度领数折，峰分为三，左一峰石卓立如锥，峰下法华寺，后为古佛崖。再上为邓隐峰说法台，后蹶危磴五六里，为中峰，顶峰石锐如斧刀。"我们一边观塔，一边冒雨往上攀登，过了"朝阳洞"、"太虎石"、"转腰塔"等景点，登上了钟楼。

此时，雨越下越大，眼前山雾缭绕，一片朦胧。停下来歇息的时候，我们才发现浑身湿透了。是雨水还是汗水，不再去想了，只想亲手敲一下眼前这座大钟，任它的声音飘向远方。雨中的钟声，真的格外动听，一切烦恼都被散了，只有快乐和轻松洋溢在脸上。《光绪昌平州志》有许多赞美银山的诗，其中一首写道：灵鹫何年住碧辉，凭高烟树晚扉扉。云蒸苔气迷僧座，日射山花映佛衣。当路金轮睛自转，到门玉涧雨常飞。探奇不觉空尘俗，圣地津梁未忍归。可见银山的景色在几百年前就非常的秀美壮观，吸引着众多的文人墨客。

原以为雨一会儿就停了，不料它却恣意轻狂起来，我们最终没有登到山顶。这种遗憾使我产生了再来银山的欲望。也许，留有遗憾也不是坏事，它会催你不断追求完美。我想人生也如此吧！

（本文资料主要引自《昌平县志》）

2009年8月16日

民俗节日中的体育活动

王鹏

历史上北京地区的民间节日体育活动十分丰富。虽然有些活动只在一个朝代盛行,也有很多流传至今。

射兔 是辽代居于北京的契丹族人的活动。《续文献通考·乐考》有清楚记载。每年农历三月三日,是契丹族的"陶拉葛尔布节"。在节日的庆祝活动中,例行射兔比赛。

射柳 是金代居于北京的女真族人的活动。比赛开始,"先以一人驰马前导",后骑的人以无羽的箭射柳。成绩最佳的是"既断柳"又以手接住断柳而"驰去者",断柳后未能用手接住的为一般,成绩最差的是"断其青处"或射中而不能断的,以及"不能中者"。比赛时擂鼓助威,赛场气氛热烈隆重。

射草狗 是元代蒙古族在北京的一种祭祀活动,每年进行,实际是射箭运动,目的是祈求消灾免祸。每年十二月下旬,在西镇国寺内墙下,洒扫平地,束草人和草狗,剪杂色彩缎挂在上面,象征五脏六腑。"选达官世家"参加交射。

走会 明代开始盛行,延至民国时仍久盛不衰。每逢节日、集市,或在庙会上,为游人献技,使观者赏心悦目。明代正德三年(1508),朝廷令各省在重大节日"选有精通乐艺者,送京师供应"。说明当时各省都要选送有特色的技艺节目会聚北京在广场上表演。走会表演的体育节目

走会中舞龙的农民（供图：郭晓钟）

很多，有扒竿、盘杠子、练皮条、打弹子、耍中幡、翻筋斗和钻圈等，也有武术的拳械表演。

扒竿 明代开始盛行。表演的人，立竿三丈，上身赤裸，攀到竿顶做各种动作，以臂、腹、胸、脚踝在竿上"或按或贴或夹"，时而"舒臂按竿，通体空立"，时而"将竿夹于腹部"，张开手足在竿顶旋转，继而"以口衔竿，身平横空"，又以两脚夹竿，"合并手掌拜起于空中"。《日下旧闻考》记载这项活动时称"京师宴中有爬竿戏……缘竿而上，若鹰翔然，若猿跃然"。进入民国时期，民众能表演这项技艺的已很少见，多转为杂技艺人的表演项目。

杠子 盛行于清代，又称盘龙术，是由于杠子的两端刻有龙头而得名。清代练杠子的团体称为"杠子会"或"盘龙会"。走会中的盘杠子，多在大车上表演。车上设一木架，横支木杠一根。表演的动作分上、中、下三把，上把手是在杠子上倒立；中把手绕杠回环，犹如飞转的"轱辘"；下把手作悬垂水平，前压后压，形似寒鸭浮水。清代《增补都门杂咏》描述一残疾人善于杠子技艺的情景："瘸脚何曾是废人，练成杠子更通神，寒鸭浮水头朝下，遍体功夫在上身。"进入20世纪50年代后这种活动已很少见。

皮条 是清代民间青年和江湖艺人表现力量和技巧的一种活动。表演的人平日苦练，筋骨强壮，灵活而柔韧。先把皮条系在木架或梁柱上，表演的人掌握皮条或将皮条缠绕在一双手腕上，等身体悬垂于空中之后，开始做升降、倒转、支撑、水平等动作。人们形象地描述这类活动是"三条杠木叉末支，中系皮条分手持，鹞子翻身鸭浮水，软中求硬力难施"。民国后渐成为杂技艺人的保留项目。

弹子 也称打弹子。清代，每到清明节，京都居民爱到西直门外高亮桥"踏青"（春季郊游），当地就有弹弓表演。表演的技巧有二十四种之多，弹丸是泥做的，技高者"两人相弹，丸适中，遇而碎"；将弹丸抛于空中二三个"及其坠而随弹之，叠碎也"；或置丸于儿童头顶，"弹之碎矣，童不知也"。至近代，民间练这种技艺的人很少了。

中幡 清代盛行，是以手臂、肩、头顶，做举、托、抛、接、绕身等动作，在走动中表演。"以一大竹竿为主，高可数丈，中嵌一大长布旗式，并缀铜铃，重约百斤。角色耍弄幡，作种种姿势，远望之若冲天之塔"。演练这种活动的多为民间摔跤手，20世纪50年代后，在节日游园活动中仍为群众喜爱的表演节目。

翻筋斗、钻圈 始盛于清代，是一种技巧性体育表演。有向前的"俯而翻"，也有向后的"仰翻"，在仰翻中可一翻、再折，至三折。这种再折和三折，是不停地做二至三个空翻。钻圈，也称钻窜圈。置圈于地，表演者以鱼跃的姿势，从圈中穿过。20世纪30年代后渐演变为杂技表演项目。

采珍珠 是清代满族进入北京后开展的一种活动，满语是"尼楚赫"。这项运动是模仿采珍珠（即著名的东珠）情景的一种体育活动。但自清朝中叶之后已很少有人参加这项活动，进入20世纪80年代又被重新挖掘出来，并健全了竞赛规则，作为少数民族体育的一个竞赛项目出现在竞技场上。

赛威呼 是满族的赛船活动，后来在北京地区逐渐演变成象征性划船的陆地集体握竿赛跑，是节日的一种儿童活动，现已少见。

（本文资料主要引自《北京志·体育卷·体育志》）

2009年10月3日

水峪中幡

李桂清

2008年，水峪村的中幡队代表北京市参加了举世瞩目的北京奥运会开幕式的表演。自此，这个名不见经传的小村备受人们关注，水峪中幡的名字也吸引了人们的视线。

舞中幡是一种古老的民间杂技，原是"行香走会"中的一档"花会"，

水峪中幡队在南窖乡表演中幡（摄影：陈海涛）

南窖乡金秋采摘节上的中幡表演（摄影：陈海涛）

行家们称它为"大执事"，属于杂技中的"力技类"节目，在竖立的杆木上表演。力技类指演员借用各种道具，施展技巧，表现其超人的臂力、拉力、扛力、顶力和蹬力的节目。中幡是力与技巧的运用，动作大起大落，身段俊美，步伐准确，编排严谨，富有民族色彩。

《百花山志》载：（水峪村）"原有中幡会，曾远近闻名"。房山区南窖乡水峪村的中幡，起源于明朝初年，盛于清咸丰年间，历民国传承至今，是北京地区颇具特色和影响的民俗文化和民间艺术形式。水峪村上千年的矿业发展，为"水峪中幡"的传播提供了丰厚的经济基础；同时，每逢庙会、重大民间节日，村民有耍幡祈雨纳福的风俗习惯，"水峪中幡"也随之不断发展，并逐渐成为当地众会之首。

"水峪中幡"早期传人是冯姓村民，从大邵村拜师学艺，后来耍出了自己的套路，受到当地群众的喜欢。起初在民间自发的堂会上舞幡，仅限于村民自娱自乐表演，后来演化成集体型表演，相传至今。清咸丰年间，水峪村有一个著名的中幡艺人，名为刑德春，幡舞得上下翻飞，以独到的幡艺深受广大群众的喜爱。民国初，与男劳力一样参加劳动的山区妇女，逐渐加入了耍幡行列，"水峪中幡"开始由单一的男子表演改为男女同演。据村里老人陈天奇讲，民国以后，村中杨姓和王姓成为中幡的主要传人。杨天聪是民国时期著名的耍幡艺人，他的中幡生涯一直到新中国成立，杨守齐则是新中国成立后村里著名的中幡艺人，他耍的中幡以灵活多变著称。

水峪中幡会的耍幡表演一般为20余人，幡高约10米，男幡重50斤，女幡重30斤。幡顶有伞盖、小旗，并挂一些小铃铛作为装饰；幡杆上下悬挂纱或布制的长幅。表演前，10面直径为1.2米的大鼓齐声敲动，在阵阵鼓声中，男队员首先上场，随后是女队员，队员恰到好处地运用气功和技巧，表演脑健、捧香炉、老虎大撅尾、牙架等节目；10面大幡上下翻飞，彩绸幡面迎风飘曳，幡顶铃铛清脆悦耳，和着激昂的鼓声，场面壮观，流连忘返。

得天独厚的乡土文化背景，构成了"水峪中幡"深厚的生存土壤和人文环境。近500年间，"水峪中幡"活跃在房山西北山区的百里大山中及河北涿州等地。每年农历正月初一到初三、正月十五、二月二、五月十三、八月初一等民俗节日或庙会，以及天旱祈雨时候，"水峪中幡"都要走会。

女子耍幡是水峪中幡的一大亮点。10多米高、30斤的幡耍起来，不但要有相当的臂力、腿力、腕力，就连手指、牙和唇也要有超人的承受力。地处山区的水峪村，身体健壮的劳动妇女也加入了耍幡队伍，她们舞的幡在刚劲中透着柔美，在洒脱中显现风采，动作流畅，形象俊美，2008年她们荣幸地参加了北京奥运会开幕式的表演，真可谓巾帼不让须眉。女子中幡所表现的独特的艺术魅力，正是山区人民真实生活的再现。

浓烈的乡土气息是水峪中幡的又一大亮点。相对于京城市井的中幡表演，水峪中幡会的幡手都是劳苦的山民，耍幡是他们劳动生活的一部分，是当地百姓生活自娱自乐的主要形式。他们把对风调雨顺、生活富足的美好祝愿，都寄托于舞动的幡影中，是山区人民真诚朴素性格的反映。

（本文资料主要引自《房山区志》）

2009年9月6日

大兴的诗赋弦

宋健／赵万民

诗赋弦这种民间戏曲在京南地区已经流传了一百多年。它是在清代光绪年间，由直隶宛平县（今属大兴）朱家务村兴起。其创始人是张家务村的朱广达和朱家务村的贾万全。清光绪二十年（1894）左右，他们先是在朱家务村兴办诗赋弦座腔戏班，后逐渐发展成农村会戏。光绪三十年（1904）以后，相继有西里河、西胡林、贺北等村成立诗赋弦会戏，邀请朱、贾二人教戏。两人自二十多岁起合作，朱广达负责编写剧本和唱词，贾万全负责谱配曲牌，他们共同编创的剧目有《老少换》、《双拜堂》等40余出。

诗赋弦的音乐属五声音阶调式体系，多为徵调式，一部分为宫调和羽调式。乐队以文场为主，初期乐器有南弦子（小三弦）、瓮子（二胡）、四弦（四胡）和海笛；有的曲段也加大笛，中、后期加进板胡、笙、奏琴等；打击乐器有单皮鼓、竹板（也称阴阳板）、铙钹、大锣、小锣和小堂鼓等。唱腔全部用真声（大嗓），不用假声（小嗓）。一段唱腔只用一个曲牌，反复演唱。有些曲调带有衬腔（用衬词、衬句演唱），其声腔韵调有9腔18调72衬音。

诗赋弦曲目大多数取材于当时的一些奇闻轶事、民间传说或古典文学作品情节。曲调大部分来源于流行于河北一带的民歌，有的来源于彩唱莲花落、单弦、西河大鼓等民间说唱艺术。语言通俗，场面简朴，唱腔

大兴的诗赋弦演出（供图：赵万民）

委婉而易于上口。诗赋弦的代表作有《老少换》、《秃子换》、《苏落缘》、《双全扫雪》、《十万金》、《千里驹》、《金玉缘》、《循环报》、《当琴》、《输姨》、《眍亲家》、《双拜堂》、《告金扇》等，均为内容新颖、诙谐风趣、独具特色的喜闹戏曲。诗赋弦诞生后，迅速流传于大兴、宛平、固安、涿县、良乡、房山等地区，后受到京剧等大剧种的影响而加强了戏曲化程度，曾为京南地区的主要地方剧种。50年代后逐渐衰落，80年代西里河诗赋弦剧团恢复演出。1998年大兴县有两个诗赋弦剧团。2006年5月申报北京市非物质文化遗产，2006年11月21日被收入北京市非物质文化遗产名录。

（本文资料主要引自《大兴区志》）

2010年12月6日

《审头刺汤》与"一捧雪"

李东明

《明史》和《张汉儒疏稿》记载,"一捧雪"为明代著名玉杯,为不让当时的权臣严嵩将玉杯据为己有,"一捧雪"的收藏者莫怀古弃官改姓隐居他乡,随后,"一捧雪"在嘉靖年间失踪。关于玉杯"一捧雪"的传说,只能从明末清初剧作家李玉的作品中窥知一二,在《红楼梦》里,"大观园论诗才"和"元妃省亲"等章回中,也多次提到"一捧雪"玉杯。

离京北古镇古北口潮河关村不远,有个地名叫"破城子",破城子原名"怀古城",是明代著名关口"七寨关"的关城。明朝嘉靖年间,朝廷命武将、镇边侯莫怀古带兵坐镇关城,镇守此关。有一次,莫怀古经过迁安县,在县城中结识了多才多艺的卖字书生汤勤,便将他带回怀古城,让其协助内外事宜。汤勤由于精明强干,颇得莫怀古信任。

莫家有一只名为"一捧雪"的玉杯,此杯雕琢精美,巧夺天工,杯身呈五瓣梅花形,杯底中心有梅花的花蕊,特别是当玉杯斟上酒后,由于酒液波动,折射杯底梅花花蕊,隐约透人,给人一种"酒入玉杯,有雪花飘飘"之感。每当莫、汤两人高兴之余,莫怀古便将"一捧雪"玉杯拿出把玩,欣赏完后再珍藏起来。

汤勤在莫府多年,渐渐贪恋上了莫怀古之妾雪艳,多次调戏。久之,此事渐被莫怀古发觉,便将汤勤推荐给了权倾一时的奸臣严嵩。到严府后,汤勤仍思谋雪艳,便撺掇严嵩向莫家索取家藏古玉杯"一捧雪"。莫

邮票上的文丑汤勤（摄影：郭晓钟）

怀古以赝品献给严嵩。严嵩得到古玉杯后，不知是假，非常高兴，并升莫怀古为太常。但汤勤认得杯的真假，将真相告之严嵩。严嵩非常愤怒，命大理寺正卿陆炳来莫府搜取真杯。陆炳是莫怀古的好友，对其遭遇深表同情。但又惹不起严家，正在为难之际，家人莫成挺身而出，表示莫大人曾有恩于己，愿替莫大人一死。莫怀古弃官逃走，他逃离的那条山沟至今还在，被当地百姓称为"逃脱沟"。

莫成被杀后，严嵩派汤勤来监视陆炳，但是汤勤来的真正目的是得到雪艳。当他发现被杀的并非莫怀古，其人头是假的后，便和陆炳在大堂上展开了争辩。双方辩论得难解难分。后陆炳经雪艳暗示，看破汤勤意在得到雪艳，便将雪艳断与汤勤为妾，汤乃不究。雪艳便在洞房中刺死汤勤，报仇后自刎。

受过莫怀古恩惠的两个人，形成鲜明的对照，一个是汤勤，恩将仇报，终遭恶报；另一人是莫成，知恩图报，为恩人献身。由于这个故事给人的启迪太深刻了，后人将这个故事编成了京剧，名为《审头刺汤》，2001年国家邮政总局发行的一套6枚《京剧丑角》邮票，其中第一枚文丑汤勤，便是京剧《审头刺汤》中的人物。

（本文资料主要引自《密云县志》）

2010年2月1日

鼻烟由来

宛兴伟

中国古典文学名著《红楼梦》第52回《俏平儿情掩虾须镯，勇晴雯病补雀金裘》中写道：次日，王太医又来诊视晴雯，另加减汤剂。虽然稍减了烧，仍是头疼。宝玉便命麝月："取鼻烟来，给她嗅些，痛打几个喷嚏，就通了关窍。"麝月果真去取了一个金镶双扣金星玻璃的一个扁盒来，递与宝玉。宝玉便揭翻盒扇，里面有西洋珐琅的黄发赤身女子，两肋又有肉翅，里面盛着些真正汪恰洋烟。晴雯只顾看画儿，宝玉道："嗅些，走了气就不好了。"晴雯听说，忙用指甲挑了些嗅入鼻中，不见怎样。便又多多挑了些嗅入。忽觉鼻中一股酸辣，透入囟门，接连打了五六个喷嚏，眼泪鼻涕，登时齐流。晴雯忙收了盒子，笑道："了不得，好辣，快拿纸来！"早有小丫头子递过一沓子细纸，晴雯便一张一张的拿来擤鼻子。宝玉笑问："如何？"晴雯笑道："果觉痛快些，只是太阳穴还疼。"这段细节描写的是宝玉给晴雯吸鼻烟治感冒的情景，这说明晴雯在宝玉心目中的地位非同一般，也说明鼻烟已经进入到当时上流社会的生活之中。那么鼻烟是一种什么东西？作为一种奢侈品在北京的历史上又如何呢？

鼻烟是一种特殊的烟草制品。以富有油分且香味较好的高级晒烟叶，和入某些药材、甜料、香料，磨成粉末，装在密封容器如蜡丸中陈化数年以至数十年后而成。吸烟时，以手指蘸上烟末送到鼻孔，轻轻吸入。鼻烟有黑、老黄、嫩黄等不同颜色，嗅之气味醇香、辛辣，具明目、提神、

内画鼻烟壶（摄影：赵信儒）

辟疫、活血之疗效。据现代药理研究，鼻烟确能杀死多种病毒，特别是鼻中的病毒。由于其害处低于卷烟，使用简便，并具有药用价值，被清代宫廷、官府视为高级享用珍物，奉为待客珍品。

据《北京志·烟草商业志》记载：明代万历年间，意大利人利玛窦来华，以鼻烟进贡朝廷，自此，鼻烟传入中国。早期传入中国的鼻烟多为德国、西班牙、法国和泰国产制，其中以德国商人运来的数量较多。鼻烟品种价格悬殊很大，高档和低档之间，以大洋计算，差额达几百元甚至几千元之多。当时，宫廷内流传一句话，"黄金易得，高尚鼻烟难求"，而一般百姓只闻其名不见其物。上文宝玉给晴雯吸的鼻烟壶上饰有"西洋珐琅的黄发赤身女子，两肋又有肉翅"，十分精美，实际上这是一种天使雕像。总之，传入的鼻烟十分稀少，最初只是作为士大夫和达官显贵的一种雅好，并当做贵重礼品馈赠亲友。此外，以嗅闻鼻烟来招待宾客，表达相互的友谊和尊敬。康熙中叶是鼻烟的鼎盛时期。清人方薰《静山居诗话》中有"碾成琵琶金屑飞，嗅处微微香雾起。海客售来价百缗，大官朝罢当一匕"的诗句。清顺治年间，鼻烟最早出现在皇宫，皇帝看看这东西，既觉得新鲜，又闻着过瘾，就弃舍水烟、大烟不抽，而闻起鼻烟来。皇帝高兴时，把他的鼻烟赏赐给大臣，从此皇宫内各大臣的官宅里人人都闻起鼻烟来。后来，鼻烟越传越广，不仅大臣府宅人等闻鼻烟，连中小衙门中的人都闻起鼻烟来。康熙年间，一次无意之中，宫内看烟库的太监，把几十盆盛开的茉莉花放在烟库内串了味，康熙皇帝闻了这种烟不仅没有怪罪，反而很高兴，命人用茉莉花熏洋烟，并起名叫"御制露"。康熙中叶以后，吸闻鼻烟习俗逐渐在民间流传开来，清末民初，北京鼻烟铺很多，集中在前门大栅栏、隆福寺、鼓楼、崇外大街等地。较著名的有鼓楼大街的"汪睁大"、"谊兰和"，崇文大街巾帽胡同的"公利和"、"公益和"等鼻烟店。其中前门大栅栏的"天蕙斋"是北京最著名的鼻烟店。

吸鼻烟作为一种文化现象，在民间至今仍有留传，老北京有条歇后语："买鼻烟不闻——装着玩"，常被用来嘲笑假充内行；还有一条歇后语"闻鼻烟蘸唾沫——假行家"，也是用来讽刺充当内行的行为。因为鼻烟只需要用手指蘸取少许送入鼻孔，并不需要先在手指上蘸唾沫。

（本文资料主要引自《北京志·商业卷·烟草商业志》）

2010年11月29日

京城学界正气
—— 赞阎崇年先生的勇敢之举

任炳

阎崇年先生是颇有名气的清史研究专家，他的一系列满学著作早已为学界所称道。前不久，他在学术研究道路上苦心求索四十年的古籍善本《康熙顺天府志》的注译本，由中华书局出版发行，与此同时，他公开声明，希望读者对此书给以监督，"挑出一个错，奖金1000元。"

众所周知，目前社会上浮躁之风盛行。阎先生挺身而出，迎风而上，大声倡导在著述中，应发扬"一字疏误视作羞、一句错断引为耻"的精神，公然声明，希望读者对他的新著挑毛病，并重奖挑出差错者，这需要何等的勇气！

阎先生的勇气从何而来？来源于他充足的底气和正气，深厚的学业功底和精益求精的学术精神。不少学者都知道，古籍的标点注解是一项十分细致繁琐的工作，没有广博的知识积累和刻苦钻研、甘坐"冷板凳"的精神，是难以承担其重负的。阎先生为证实北京图书馆的《康熙顺天府志》是海内孤本，不仅查遍我国大陆现存的书目，而且遍访了美国、日本、韩国以及香港、台湾地区。为高质量出版校注本，在中华书局校正12遍的基础上，又请了两位专家再加校对，"挑出了两个差错"，后中华书局再校一遍，"又挑出了一个差错"，这才定稿出版。他的勇气不是凭空而生的，而是深深扎根于认真、扎实、细致的工作之中的。

阎先生面对社会浮躁、腐败现象，特别是学界歪风、学术腐败，高高举起战旗，实在难能可贵。有人说，这是"作秀"、"炒作"。何为"作秀"？以追求名利为目的，故作惊人之举，常常用一些大而无当、虚而不实的奇谈怪论，荒唐不稽的行为举止，以震人耳膜、引人眼球。何为"炒作"？也是抱有不良动机，有意鼓吹造势，大多是以不实之词，吹拍之语，点火煽情，协同连动，把低劣之物说成价值连城，让人动情，骗人信赖。当今社会，"作秀"、"炒作"的现象，确实时有发生，且有此起彼伏、连绵不断之势。阎先生作为学者名家、社会公众人物，没有必要以歪门邪道出风头、争名气。相反却选择了甘冒风险，极易被人误解，还有可能被人翻历史旧账，在学术或人品上评头论脚，受人指责的方式，去振臂高呼。他也根本没有想以这本书的出版获取丰厚报酬，相反，是以"不要稿费，但求无过"作为出版约定的，又自费聘请两位专家专挑毛病，出版后如有人挑出差错，奖金也由他掏腰包。这和投机取巧、见利忘义的"作秀"、"炒作"风马牛不相及。

学者出书向社会公开求纠错，阎崇年并非第一家，应当说，这是中华文化优秀传统之一。早在秦代，吕不韦组织撰修《吕氏春秋》，就把其书摆在咸阳市城门口，"悬千金其上，延诸侯游士宾客有能增损一字者，予千金"，成为历史美谈。这也是成语"一字千金"的来历。此后，一些著作家，特别是文学家，相互修改诗文，使其更准确更生动的故事不绝于史，也留下了"一字不苟"、"一字师"等给人教益的佳话。我想，如果有人对阎先生的新著精心审阅，发现不足之处，公之于世，阎先生也公开落实其承诺，其意义绝不仅仅是让这部书更加完美，而是将唤起人们对公众人物和社会事务行使依法监督权的自觉性。若如此，阎先生之功，将远远超出学界。

2010年3月1日

后记

2006年，国务院《地方志工作条例》颁布实施，开宗明义第一条，要求"全面、客观、系统地编纂地方志，科学、合理地开发利用地方志，发挥地方志在促进经济社会发展中的作用"。北京作为首都，历史悠久、文化底蕴深厚，在地方志开发利用中理应有所作为。在原北京市新闻研究所刘霆昭所长的帮助下，我们很快和《北京日报》副刊部达成合作协议，以宣传北京的地域文化为突破口，先期吸引《北京日报》众多的读者来关注地方志事业。于是2009年春天，有了《北京日报·古都》副刊上的栏目——《志说北京》。

栏目最初的稿件由市地方志办公室同志撰写，首篇《京城又到赏花时》就是市地方志办公室主任王铁鹏写的，介绍了春暖花开时节，过去和现在，北京的几个赏花去处，读者可以按图索骥，去放飞心情。后来，经过几期地方志系统报道员业务培训后，稿件渐丰，一些系统外的优质稿件，经市地方志办公室相关同志审读后，也都在栏目上给予了发表。

三年来，《志说北京》栏目不仅得到了《北京日报》读者群的喜爱和反响，还不断有来电来访，讨论文章内容、提供文章线索、询问合集出版时间；不断有网易、千龙、新华、人民、凤凰、老北京等十几家网站在第一时间进行转发。到2011年底，发表的稿件多达120余篇。因此，结集出书是顺势而为，也算是地方志开发利用的一次有益尝试。

本次收录的文章均为本市地方志工作者，或者曾经做过地方志工作的同志所写，这些文章有的浓墨重彩，有的寻幽探微，有的直说其事，北京因此而变得具象化，所以我们把这本书取名为《志说北京——修志人眼中的北京》算是比较贴切，同时也是告诉老朋友们，这是《志说北京》栏目文章的合集。

　　在编排这些文章的时候，我们打乱了发表顺序，按大致的分类，对号入座。由于篇幅有限，发表的文章并未全部收录，个别收录进来的文章也进行了修订，以期客观准确。为更好地给读者增加直观印象，我们还进行了补图和配图工作。因此，文集里的文章和刚发表时有些不同，文字和图片都有一些变化。

　　本书终于付梓，特别感谢《北京志》主编段柄仁同志，从栏目开办之初就一直关注，在百忙之中，亲自为栏目撰稿，在结集出版的时候，为本书作序，并在出版环节，对本书提出了具体的指导性意见；要感谢市地方志办公室的领导和同志们以及广大读者和作者，给予我们大力支持和帮助，让我们的一些想法得以实现；要感谢《北京日报》社的领导和副刊部的同志，为稿件发表付出了辛勤劳动；还要感谢为本书提供图片的各位朋友，是他们，让本书精益求精、图文并茂！

　　限于学识水平，书中的错误和疏漏在所难免，恳请广大读者批评指正，以利我们在后续的修志工作中进行补正。

郭晓中

2012年2月28日

图书在版编目（CIP）数据

志说北京——修志人眼中的北京 / 北京市地方志编纂委员会办公室编. —北京：文化艺术出版社，2012.1
ISBN 978-7-5039-5318-7

Ⅰ. ①志… Ⅱ. ①北… Ⅲ. ①北京市—地方史—史料
Ⅳ. ① K291

中国版本图书馆 CIP 数据核字（2011）第 280019 号

志说北京——修志人眼中的北京

编　　者	北京市地方志编纂委员会办公室
责任编辑	程晓红
封面设计	顾　紫
版式设计	姚雪媛
出版发行	文化艺术出版社
地　　址	北京市东城区东四八条52号　100700
网　　址	www.whyscbs.com
电子邮箱	whysbooks@263.net
电　　话	（010）84057666（总编室）　84057667（办公室） 　　　　84057691—84057699（发行部）
传　　真	（010）84057660（总编室）　84057670（办公室） 　　　　84057690（发行部）
经　　销	新华书店
印　　刷	北京圣彩虹制版印刷技术有限公司
版　　次	2012年4月第1版 2012年4月第1次印刷
开　　本	700×1000毫米　1/16
印　　张	18.5
字　　数	200千字
书　　号	ISBN 978-7-5039-5318-7
定　　价	48.00 元

版权所有，侵权必究。印装错误，随时调换。